INTRODUCCIÓN AL COMMON LAW

TEMAS SELECTOS

Sergio Fabián Pérez Sevilla.

INTRODUCCION AL COMMON LAW.
Temas Selectos.

Primera edición, septiembre 2023.

Guadalajara, Jalisco, México.

INDICE

Capítulo 1:

Introducción al Common Law

1.1 Origen e historia del Common Law

El Common Law es uno de los sistemas legales más influyentes y duraderos en la historia de la jurisprudencia. Originado en la Inglaterra medieval, el Common Law ha evolucionado a lo largo de los siglos para convertirse en un pilar fundamental de la justicia en el mundo. Este libro se sumergirá en el apasionante viaje a través del tiempo para explorar el origen, desarrollo y evolución del Common Law, desde sus raíces hasta su estado actual en la sociedad globalizada del siglo XXI.

Los Fundamentos Medievales del Common Law

Para comprender adecuadamente el Common Law, es esencial retroceder en el tiempo hasta la Inglaterra medieval. En ese período, el sistema legal inglés estaba en proceso de cambio y transformación, y las semillas del Common Law se estaban sembrando de manera gradual.

La Influencia Normanda y el Derecho Romano: En el año 1066, Guillermo el Conquistador, duque de Normandía, invadió Inglaterra y estableció el dominio normando. Con él, los normandos trajeron consigo una tradición legal basada en el Derecho Romano. Aunque esta influencia fue inicialmente limitada, sentó las bases para la evolución del Common Law.

Costumbres Locales y Tribunales Rurales: A diferencia de otros sistemas legales contemporáneos que buscaban imponer un sistema legal uniforme, los normandos permitieron que las costumbres locales y los tribunales rurales continuaran funcionando. Esto resultó en una rica diversidad de prácticas legales locales que más tarde contribuirían al concepto de "derecho común" o "common law".

La Carta Magna y sus Implicaciones Legales

Uno de los hitos más significativos en la historia del Common Law fue la firma de la Carta Magna en 1215 por el rey Juan sin Tierra. Aunque la Carta Magna inicialmente fue un intento de limitar el poder del monarca, su impacto en el desarrollo del Common Law fue profundo y duradero.

Limitación del Poder Real: La Carta Magna, en su esencia, limitaba el poder del rey al establecer que incluso él estaba sujeto a la ley. Esto sentó un precedente fundamental para la igualdad ante la ley y la noción de que nadie está por encima de ella.

El Nacimiento del Debido Proceso: Quizás uno de los legados más importantes de la Carta Magna fue el principio del debido proceso legal. Este principio garantizaba que nadie podía ser privado de su propiedad o encarcelado sin un juicio justo ante sus pares. Esta garantía del debido proceso se convirtió en un pilar fundamental del Common Law.

Jurados y Evidencia: La Carta Magna también introdujo la práctica de someter disputas a jurados locales, una característica distintiva del Common Law. Además, estableció normas para la presentación de evidencia en juicio, sentando así las bases de la justicia basada en pruebas y testimonios.

La Consolidación de los Tribunales y el Papel de los Precedentes

A medida que avanzaba la Edad Media y se desarrollaba la monarquía en Inglaterra, el Common Law continuaba evolucionando. Durante este período, se dieron pasos significativos hacia la consolidación de los tribunales reales y la creación de precedentes legales.

Tribunales Reales y la Jurisdicción Real: Se establecieron tribunales reales y se expandió la jurisdicción real. Esto permitió que casos anteriormente resueltos por tribunales locales fueran llevados ante los tribunales reales, contribuyendo a una mayor uniformidad en la aplicación de la ley.

El Nacimiento de los Precedentes Judiciales: Uno de los conceptos fundamentales del Common Law es la creación de precedentes. Las decisiones judiciales se convirtieron en fuente de derecho y establecieron pautas para futuros casos similares. Esto dio lugar al principio de "stare decisis", que significa "mantener lo que ha sido decidido".

El Rol de los Abogados y la Profesionalización del Derecho: Durante este período, la profesión legal comenzó a organizarse y a desarrollar normas y procedimientos estándar. Los abogados se convirtieron en actores clave en el sistema legal, asesorando a sus clientes sobre cómo utilizar el Common Law en su beneficio.

El Legado de Sir Edward Coke y la Ley Común Inglesa

Durante la era isabelina y jacobea, Sir Edward Coke emergió como una figura fundamental en la historia del Common Law. Sus contribuciones y decisiones judiciales ayudaron a consolidar y aclarar aún más el sistema legal inglés.

Coke y la Ley Común Inglesa: Sir Edward Coke desempeñó un papel crucial en la consolidación y clarificación del Common Law inglés. Sus escritos y decisiones judiciales, como el famoso caso "Dr. Bonham's Case", reafirmaron la independencia de los tribunales de la autoridad real y establecieron la primacía de la ley.

Influencia Duradera: Las obras de Coke, incluido su comentario sobre "Las Leyes de Inglaterra", siguen siendo referencias importantes en la jurisprudencia y en la comprensión del Common Law. Su enfoque en la ley como una entidad independiente y en la importancia de los principios legales ha dejado una marca indeleble en el sistema legal.

El Siglo XIX: Reformas Legales y la Era Victoriana

El siglo XIX fue un período de profundos cambios en la sociedad y en el sistema legal inglés, lo que tuvo un impacto duradero en el Common Law.

Reformas Legales: Durante la era victoriana, se realizaron importantes reformas legales para modernizar el sistema de justicia. Estas reformas incluyeron la creación de tribunales especializados y la simplificación de los procedimientos legales.

Expansión del Imperio Británico y la Difusión del Common Law: El Imperio Británico se expandió durante este período, llevando consigo las influencias del Common Law a diversas partes del mundo. La aplicación del Common Law en las colonias británicas dejó una profunda huella en la jurisprudencia global.

Crecimiento de la Abogacía y la Formación Legal: La profesión legal experimentó un crecimiento significativo, y las universidades comenzaron a ofrecer programas de formación en derecho. La educación legal se volvió más formalizada, lo que contribuyó a una mayor profesionalización de la abogacía.

El Common Law en el Siglo XX y XXI: Adaptación a la Sociedad Globalizada

El Common Law ha continuado evolucionando en el siglo XX y en la actualidad, adaptándose a los cambios sociales, tecnológicos y globales.

Impacto de la Tecnología: La era digital ha planteado nuevos desafíos legales, desde cuestiones de privacidad y propiedad intelectual hasta delitos cibernéticos. El Common Law ha tenido que adaptarse y desarrollar respuestas legales a estos problemas contemporáneos.

Globalización y Derecho Comparado: El Common Law ha influido en sistemas legales de todo el mundo, y a su vez, ha sido influenciado por sistemas legales extranjeros. La globalización ha llevado a un mayor intercambio de ideas jurídicas y prácticas legales.

Desafíos Contemporáneos: Los debates actuales en el Common Law incluyen cuestiones como los derechos humanos, el cambio climático, la inteligencia artificial y la igualdad de género. El Common Law sigue siendo un instrumento fundamental para abordar estos problemas en constante evolución.

Conclusiones:

El Common Law como un Legado Duradero

En conclusión, el Common Law ha recorrido un largo y fascinante camino desde sus modestos inicios en la Inglaterra medieval hasta su estado actual en un mundo globalizado y digital. Su evolución a lo largo de los siglos ha dejado una marca indeleble en la historia de la jurisprudencia y ha influido en sistemas legales de todo el mundo. A medida que el Common Law enfrenta desafíos contemporáneos, su capacidad de adaptación y su legado perduran como testimonio de su importancia y relevancia continuas. Este viaje a través del tiempo nos permite apreciar la riqueza y complejidad de un sistema legal que ha influido en la justicia en todo el mundo y que continúa siendo un faro de equidad y justicia en el siglo XXI.

1.2 Principios fundamentales del Common Law

El Common Law, un sistema legal que se ha forjado durante siglos, es una de las piedras angulares de la jurisprudencia en todo el mundo. Su evolución ha sido moldeada por una serie de principios fundamentales que han influido en la toma de decisiones judiciales y en la creación de un sistema legal coherente y predecible. Estos principios, arraigados en la tradición inglesa y transmitidos a través de la historia, son esenciales para comprender cómo funciona el Common Law y cómo ha influido en la jurisprudencia a nivel global. A lo largo de este extenso análisis, exploraremos en profundidad los principios fundamentales del Common Law y su importancia en la justicia contemporánea.

Precedente y Stare Decisis:
La Importancia de la Decisión Judicial Previas

Uno de los principios centrales del Common Law es el principio del precedente y el concepto de "stare decisis", que en latín significa "mantener lo que ha sido decidido". Este principio establece que las decisiones judiciales anteriores deben ser seguidas por los tribunales en casos similares en el futuro.

Consistencia y Previsibilidad: El precedente y el "stare decisis" aportan coherencia y previsibilidad al sistema legal. Las personas pueden confiar en que los tribunales tomarán decisiones basadas en casos anteriores, lo que promueve la igualdad ante la ley.

Desarrollo Evolutivo: Aunque el Common Law se basa en decisiones judiciales previas, también permite la evolución del derecho a medida que los tribunales interpretan y aplican las leyes a situaciones cambiantes.

Distinguir y Revertir Precedentes: Los tribunales pueden distinguir casos en los que las circunstancias son diferentes y, en casos excepcionales, pueden revertir un precedente existente si creen que es incorrecto o desactualizado.

Jurado y Participación Ciudadana

En el Common Law, el jurado desempeña un papel crucial en el sistema de justicia. El jurado está compuesto por ciudadanos comunes que participan en el proceso de toma de decisiones en un juicio.

Representación de la Comunidad: El jurado representa una muestra de la comunidad y proporciona una perspectiva de sentido común en el sistema legal. Esta representación asegura que la justicia sea aplicada de manera imparcial y en consonancia con los valores y creencias de la sociedad.

Evaluación de Hechos: El jurado es responsable de evaluar los hechos presentados en un caso y determinar si un acusado es culpable o inocente. Esta función garantiza que las decisiones judiciales no estén en manos exclusivas de jueces o abogados, sino que también involucren a personas comunes.

Control de Abuso de Poder: El sistema de jurado actúa como un control sobre posibles abusos de poder por parte de jueces o fiscales, ya que los ciudadanos pueden absolver a un acusado si creen que la aplicación de la ley es injusta o excesivamente dura.

Justicia Basada en Pruebas y Evidencia

El Common Law se basa en el principio de justicia basada en pruebas y evidencia. Esto significa que las decisiones judiciales deben estar respaldadas por pruebas y testimonios presentados en el tribunal.

Presunción de Inocencia: El principio de justicia basada en pruebas garantiza que un acusado sea considerado inocente hasta que se pruebe su culpabilidad más allá de una duda razonable. Este principio es fundamental para proteger los derechos individuales.

Admisión de Evidencia Relevante: Los tribunales del Common Law deben admitir y considerar solo la evidencia que sea relevante para el caso. Esto garantiza que las decisiones se basen en información válida y pertinente.

Papel de los Abogados: Los abogados desempeñan un papel crucial en la presentación y disputa de la evidencia. Su labor consiste en argumentar de manera efectiva y presentar pruebas que respalden su posición.

Debido Proceso y Derechos Individuales

El Common Law se basa en el principio del debido proceso y la protección de los derechos individuales de los ciudadanos. Esto asegura que todos los individuos sean tratados con justicia y equidad en el sistema legal.

Derecho a un Juicio Justo: El debido proceso garantiza que todas las personas tengan derecho a un juicio justo, con todas las garantías necesarias, como la presunción de inocencia, el derecho a un abogado y el derecho a un jurado imparcial.

Prohibición de Autoincriminación: El Common Law prohíbe que una persona sea forzada a autoincriminarse. Nadie puede ser obligado a dar testimonio en su contra.

Protección contra Búsquedas y Detenciones Ilegales: Los tribunales del Common Law protegen a los ciudadanos contra búsquedas y detenciones ilegales por parte de las autoridades. Esto garantiza la privacidad y la seguridad de los individuos.

Interpretación de la Ley por los Tribunales

En el Common Law, los tribunales tienen la autoridad para interpretar la ley y aplicarla a situaciones específicas. Esto es fundamental para adaptar el derecho a las circunstancias cambiantes.

Interpretación de Estatutos: Los tribunales del Common Law interpretan y aplican estatutos y leyes escritas. Su tarea es determinar el significado de la ley y cómo se aplica a un caso particular.

Desarrollo de la Ley a Través de Decisiones Judiciales: Los tribunales también contribuyen al desarrollo del derecho a través de sus decisiones. A medida que los tribunales resuelven casos, establecen precedentes que influyen en futuros casos y ayudan a aclarar y definir la ley.

Veto Judicial: Los tribunales del Common Law tienen la autoridad para declarar que una ley o una acción del gobierno es inconstitucional o ilegal. Esta función es esencial para garantizar que el poder del gobierno esté limitado y que se respeten los derechos individuales.

La Importancia de la Argumentación Legal

La argumentación legal desempeña un papel central en el Common Law. Los abogados presentan argumentos persuasivos basados en precedentes, evidencia y principios legales para influir en la toma de decisiones judiciales.

Contraposición de Argumentos: Los abogados de ambas partes presentan argumentos contrapuestos para persuadir al tribunal de que su posición es la correcta. El tribunal toma una decisión basada en los argumentos y la evidencia presentada.

Importancia de la Retórica Legal: La retórica legal es fundamental para la persuasión efectiva. Los abogados deben ser habilidosos en la presentación de sus argumentos y en la construcción de narrativas coherentes.

Función de los Jueces: Los jueces evalúan los argumentos legales y las pruebas presentadas para tomar una decisión imparcial basada en la ley y los hechos del caso.

La Evolución del Common Law a lo Largo del Tiempo

A lo largo de la historia, el Common Law ha evolucionado y se ha adaptado a los cambios en la sociedad y la tecnología. Los principios fundamentales del Common Law han permanecido sólidos, pero su aplicación ha evolucionado.

Cambio Social y Cultural: El Common Law ha respondido a cambios en la sociedad y la cultura, adaptándose a nuevas normas y valores.

Tecnología y Desarrollo Legal: Los avances tecnológicos han planteado desafíos legales y han requerido que el Common Law se adapte a cuestiones como la privacidad en línea, la propiedad intelectual y la ciberseguridad.

Derechos Humanos y Justicia Global: El Common Law ha desempeñado un papel importante en la promoción de los derechos humanos y la justicia a nivel global, influyendo en la jurisprudencia internacional.

Conclusiones:
La Duradera Relevancia del Common Law

En conclusión, los principios fundamentales del Common Law son la base sobre la cual se construye este sistema legal. Estos principios, que incluyen el precedente y "stare decisis", el jurado y la participación ciudadana, la justicia basada en pruebas y evidencia, el debido proceso y los derechos individuales, la interpretación de la ley por los tribunales y la importancia de la argumentación legal, han sido fundamentales para el desarrollo y la adaptación del Common Law a lo largo de la historia. A medida que el Common Law enfrenta los desafíos del siglo XXI, estos principios siguen siendo esenciales para garantizar la igualdad ante la ley y la justicia en todo el mundo. Su duradera relevancia es un testimonio de la importancia y la influencia del Common Law en la jurisprudencia contemporánea.

1.3 Comparación entre el Common Law y el sistema de Derecho Civil

El mundo está dividido en varios sistemas legales, y dos de los más prominentes y contrastantes son el Common Law y el sistema de Derecho Civil. Estos sistemas legales han evolucionado de manera independiente a lo largo de la historia y se caracterizan por diferencias significativas en sus principios, metodologías y enfoques para resolver disputas legales. En este análisis, exploraremos y compararemos estos dos sistemas legales, destacando sus diferencias y similitudes fundamentales.

Orígenes y Desarrollo Histórico

Common Law:

Origen: El Common Law se originó en Inglaterra durante la Edad Media, donde evolucionó a partir de las costumbres locales y las decisiones judiciales.

Desarrollo: A lo largo de los siglos, el Common Law se ha desarrollado a través de la acumulación de precedentes judiciales y la aplicación consistente de decisiones anteriores por parte de los tribunales.

Sistema de Derecho Civil:

Origen: El sistema de Derecho Civil tiene sus raíces en el derecho romano y canónico, y se desarrolló en gran parte en Europa continental.

Desarrollo: Se basa en códigos de leyes escritas y una tradición de jurisprudencia que enfatiza la interpretación de la ley por parte de jueces, pero con menos énfasis en la creación de precedentes judiciales.

Fuentes de Derecho

Common Law:

Precedente Judicial: Uno de los rasgos distintivos del Common Law es la importancia del precedente judicial. Las decisiones judiciales anteriores (casos) establecen pautas que deben seguirse en casos futuros similares.

Legislación: Aunque el precedente judicial es fundamental, la legislación también desempeña un papel importante en el Common Law. Los estatutos y leyes promulgados por el poder legislativo tienen autoridad y pueden anular precedentes judiciales en ciertas circunstancias.

Sistema de Derecho Civil:

Códigos de Leyes Escritas: El sistema de Derecho Civil se basa en códigos de leyes escritas, en los que las reglas legales se encuentran en documentos codificados que abordan áreas específicas del derecho.

Menos Importancia del Precedente Judicial: A diferencia del Common Law, el sistema de Derecho Civil otorga menos importancia al precedente judicial y más importancia a la interpretación de la ley escrita por parte de los jueces.

Roles de los Jueces y Jurados

Common Law:

Papel de los Jueces: En el Common Law, los jueces tienen un papel activo en la interpretación de la ley y en la toma de decisiones. Pueden influir en la forma en que se aplica la ley y pueden emitir opiniones disidentes en casos.

Jurado: En muchos casos, se utiliza un jurado compuesto por ciudadanos comunes para determinar los hechos y emitir un veredicto. El jurado desempeña un papel clave en la toma de decisiones.

Sistema de Derecho Civil:

Papel de los Jueces: En el sistema de Derecho Civil, los jueces tienen un papel más limitado en la interpretación de la ley, ya que deben aplicar las leyes codificadas de manera más estricta. No tienen la misma flexibilidad que los jueces del Common Law para influir en la dirección de la ley.

Jurado: En muchos países de tradición civil, el sistema legal prescinde del jurado en favor de la toma de decisiones por parte de jueces profesionales.

Procedimientos Legales

Common Law:

Enfoque Adversarial: El Common Law se basa en un enfoque adversarial, donde las partes en disputa presentan argumentos y evidencia ante un tribunal y el juez o el jurado decide el caso en función de esos argumentos y pruebas.

Etapas de Juicio: Los procedimientos judiciales en el Common Law a menudo involucran etapas como la presentación de pruebas, el interrogatorio de testigos y la presentación de argumentos legales.

Sistema de Derecho Civil:

Enfoque Inquisitivo: El sistema de Derecho Civil se basa en un enfoque inquisitivo, donde el juez desempeña un papel más activo en la investigación de los hechos y la obtención de pruebas. Los jueces a menudo interrogan a testigos y pueden buscar activamente evidencia.

Mayor Formalidad: Los procedimientos en el sistema de Derecho Civil tienden a ser más formales y estructurados en comparación con el Common Law.

Roles de los Abogados

Common Law:

Abogados como Litigantes: Los abogados en el Common Law a menudo actúan como litigantes que representan a sus clientes y presentan argumentos ante el tribunal.

Énfasis en la Argumentación Legal: La habilidad en la argumentación legal es fundamental en el Common Law, donde los abogados deben persuadir al tribunal con argumentos convincentes y precedentes relevantes.

Sistema de Derecho Civil:

Abogados como Asesores Legales: En el sistema de Derecho Civil, los abogados a menudo tienen un papel más orientado a asesorar a sus clientes y a ayudarlos a navegar por el proceso legal.

Menos Énfasis en la Argumentación: En comparación con el Common Law, el énfasis en la argumentación legal es menor en el sistema de Derecho Civil, ya que las leyes codificadas tienden a ser más claras y prescriptivas.

Resolución de Disputas y Negociación

Common Law:

Litigiosidad: El Common Law tiende a tener una mayor litigiosidad, lo que significa que las disputas a menudo se resuelven a través de juicios formales en los tribunales.

Énfasis en la Adversarialidad: El enfoque adversarial en el Common Law fomenta la resolución de disputas a través del conflicto y el litigio.

Sistema de Derecho Civil:

Resolución Alternativa de Disputas (ADR): El sistema de Derecho Civil a menudo fomenta métodos de resolución de disputas alternativos, como la mediación y el arbitraje, como alternativas al litigio formal.

Énfasis en la Negociación: Se coloca un mayor énfasis en la negociación y la resolución de disputas de manera más amigable antes de recurrir a los tribunales.

Conclusión:

Dos Enfoques Complementarios

En resumen, el Common Law y el sistema de Derecho Civil representan dos enfoques contrastantes pero complementarios para la administración de la justicia. El Common Law se basa en la jurisprudencia, el precedente judicial y un enfoque adversarial, mientras que el sistema de Derecho Civil se apoya en leyes codificadas, un enfoque inquisitivo y métodos alternativos de resolución de disputas. A pesar de estas diferencias, ambos sistemas buscan lograr la justicia y proteger los derechos de los individuos. En muchos países, estos sistemas coexisten y se influyen mutuamente, lo que refleja la riqueza y la diversidad de la jurisprudencia en todo el mundo.

1.4 La importancia del Common Law en la jurisprudencia global

El Common Law, originado en Inglaterra y evolucionado a lo largo de siglos, es un sistema legal que ha dejado una huella profunda en la jurisprudencia global. Su influencia no se limita a las fronteras de los países de tradición common law; de hecho, ha desempeñado un papel central en el desarrollo de sistemas legales en todo el mundo. La importancia del Common Law en la jurisprudencia global se manifiesta en varios aspectos clave:

1. Precedente Judicial como Fuente de Derecho

Uno de los pilares del Common Law es el uso del precedente judicial como fuente de derecho. Las decisiones judiciales anteriores establecen pautas y normas que deben seguirse en casos futuros similares. Este enfoque basado en el precedente proporciona coherencia y previsibilidad al sistema legal, lo que es esencial para garantizar la igualdad ante la ley.

La importancia del precedente judicial no se limita al sistema de Common Law en sí, ya que ha influido en sistemas legales de tradición civil y otros en todo el mundo. Muchos países han adoptado la noción de precedente y "stare decisis" para crear un sistema legal más predecible y coherente, lo que ha contribuido significativamente a la jurisprudencia global.

2. Influencia en la Interpretación y Aplicación de Tratados y Convenciones Internacionales

El Common Law ha influido en la interpretación y aplicación de tratados y convenciones internacionales. Los jueces que han sido formados en el sistema de Common Law tienden a adoptar un enfoque más amplio y contextual en la interpretación de los tratados. Esto puede tener un impacto significativo en la manera en que los tratados se aplican en los tribunales y en las decisiones legales internacionales.

Por ejemplo, la Convención de Viena sobre el Derecho de los Tratados establece principios fundamentales para la interpretación de tratados. La influencia del Common Law en la jurisprudencia internacional ha contribuido a la evolución de estos principios y ha enriquecido el diálogo legal global.

3. Protección de los Derechos Humanos y Desarrollo de la Jurisprudencia Internacional

El Common Law ha desempeñado un papel fundamental en la protección de los derechos humanos y el desarrollo de la jurisprudencia internacional en esta área. Los tribunales de países de tradición common law han emitido decisiones históricas que han sentado precedentes en cuestiones de derechos humanos, como el derecho a un juicio justo, la prohibición de la tortura y la protección de la libertad de expresión.

Estos precedentes judiciales han influido en la jurisprudencia de los tribunales internacionales de derechos humanos, como la Corte Internacional de Justicia y la Corte Penal Internacional. Además, los principios del Common Law relacionados con la protección de los derechos individuales han sido adoptados y adaptados en constituciones y sistemas legales de todo el mundo, lo que refleja su influencia global.

4. Desarrollo de Temas Jurídicos Contemporáneos

A medida que surgen nuevos desafíos legales en la era moderna, el Common Law sigue siendo relevante y juega un papel importante en el desarrollo de respuestas legales a problemas contemporáneos. Temas como la privacidad en la era digital, la propiedad intelectual, la ciberseguridad y el derecho internacional son áreas en las que el Common Law ha contribuido significativamente a la jurisprudencia global.

La capacidad del Common Law para adaptarse y evolucionar a lo largo del tiempo le permite abordar de manera efectiva cuestiones legales emergentes y proporcionar orientación legal en un mundo en constante cambio.

5. La Difusión de Mejores Prácticas Legales
y la Profesionalización de la Abogacía

La tradición del Common Law ha promovido la difusión de mejores prácticas legales y la profesionalización de la abogacía en todo el mundo. Los abogados formados en el sistema de Common Law han desempeñado un papel importante en la promoción de estándares éticos y profesionales en la práctica legal en sus países y regiones.

Además, la educación legal basada en el Common Law se ha convertido en un estándar de calidad en la formación de abogados en muchas partes del mundo. Esto ha contribuido a la profesionalización de la abogacía y a la creación de un cuerpo global de abogados que comparten una comprensión común de los principios legales fundamentales.

Conclusiones

La importancia del Common Law en la jurisprudencia global es innegable. Su influencia en la creación de precedentes judiciales, la protección de los derechos humanos, la interpretación de tratados internacionales y el desarrollo de respuestas legales a desafíos contemporáneos lo convierte en un sistema legal fundamental en la comunidad legal global. A través de su enfoque en la igualdad ante la ley, la justicia basada en pruebas y la protección de los derechos individuales, el Common Law ha dejado una marca perdurable en la jurisprudencia mundial y continúa desempeñando un papel crucial en la promoción de la justicia y el Estado de derecho en todo el mundo.

1.5 Fuentes del Common Law

Las fuentes del Common Law son los elementos que contribuyen a la formación y desarrollo del sistema legal de Common Law. Estas fuentes incluyen decisiones judiciales, precedentes, legislación, costumbres, doctrina legal y otros factores que influyen en la jurisprudencia. A continuación, se describen las fuentes principales del Common Law:

- **Precedente Judicial:** Uno de los pilares fundamentales del Common Law es el uso de precedentes judiciales. Esto significa que las decisiones judiciales anteriores, especialmente las de tribunales superiores, establecen pautas y normas que deben seguirse en casos futuros similares. Los tribunales están obligados a respetar y aplicar estos precedentes, lo que proporciona coherencia y previsibilidad al sistema legal.

- **Legislación:** Aunque el Common Law se basa en gran medida en la jurisprudencia, la legislación también es una fuente importante de derecho. El poder legislativo promulga leyes y estatutos que se convierten en parte del sistema legal. Estas leyes pueden modificar o anular precedentes judiciales en ciertas circunstancias. Sin embargo, la legislación no puede abordar todos los aspectos de la ley, por lo que el Common Law sigue siendo esencial para llenar los vacíos legales.

- **Costumbre:** En algunos casos, las costumbres locales y las prácticas tradicionales pueden influir en la formación del Common Law. Las costumbres arraigadas en la sociedad pueden ser reconocidas y aplicadas por los tribunales como parte del derecho común. Sin embargo, en general, la costumbre tiene un papel menos prominente en el Common Law que en otros sistemas legales.

- **Doctrina Legal y Comentarios Jurídicos:** La doctrina legal, que incluye escritos académicos, comentarios jurídicos y tratados legales, también es una fuente importante de derecho en el Common Law. Los juristas y académicos contribuyen al desarrollo de la jurisprudencia mediante el análisis y la interpretación de decisiones judiciales y la formulación de teorías legales.

- **Jurisprudencia de Tribunales Inferiores:** Además de los precedentes de tribunales superiores, las decisiones de tribunales inferiores también pueden ser relevantes en la jurisprudencia del Common Law. Aunque no son vinculantes en el mismo sentido que las decisiones de tribunales superiores, pueden proporcionar orientación a otros tribunales en casos similares.

- **Argumentación Legal de las Partes:** Los argumentos legales presentados por las partes en un caso tienen un papel importante en la toma de decisiones judiciales. Los abogados presentan argumentos basados en precedentes, legislación, pruebas y principios legales para persuadir al tribunal de su posición. El tribunal considera estos argumentos al tomar su decisión.

- **Normas Internacionales y Tratados:** En casos que involucran cuestiones de derecho internacional, las normas internacionales y los tratados pueden ser una fuente importante de derecho en el Common Law. Los tribunales pueden interpretar y aplicar tratados y normas internacionales en casos que involucran asuntos transfronterizos o de derechos humanos, por ejemplo.

- **Principios Generales de Equidad y Justicia:** Los principios generales de equidad y justicia son una fuente subyacente de derecho en el Common Law. Estos principios se aplican en ausencia de leyes o precedentes específicos y ayudan a los tribunales a tomar decisiones equitativas y justas.

En resumen, las fuentes del Common Law incluyen una variedad de elementos, desde decisiones judiciales y precedentes hasta legislación, costumbres y argumentación legal. Estas fuentes interactúan para dar forma y desarrollar el sistema legal de Common Law, proporcionando coherencia y adaptabilidad a medida que se abordan casos y problemas legales nuevos y cambiantes.

Capítulo 2:

Desarrollo del Common Law en Inglaterra

2.1 El papel de los tribunales medievales

El papel de los tribunales medievales varió según el lugar y el período de la Edad Media en cuestión, ya que este período abarca aproximadamente desde el siglo V hasta el siglo XV y abarca una amplia gama de contextos históricos y geográficos en Europa y otras partes del mundo. Sin embargo, en términos generales, los tribunales medievales desempeñaron funciones cruciales en la administración de justicia y en la sociedad de la época. Aquí se presentan algunas de las principales funciones y características de los tribunales medievales:

Administración de Justicia Local: Los tribunales medievales eran responsables de administrar la justicia en el ámbito local. Esto implicaba resolver disputas entre individuos, comunidades o señores feudales en un área geográfica específica. Los tribunales locales eran esenciales para mantener el orden y resolver conflictos en una sociedad donde el poder estaba descentralizado.

Aplicación de Leyes Locales y Costumbres: En lugar de contar con un sistema legal unificado, la Edad Media europea estaba formada por una serie de leyes locales y costumbres. Los tribunales medievales aplicaban estas leyes y costumbres locales para resolver disputas. Esto significaba que las leyes y procedimientos podían variar significativamente de una región a otra.

Jurisdicción Señorial: En el sistema feudal de la Edad Media, los señores feudales tenían su propio sistema de tribunales conocidos como tribunales señoriales. Estos tribunales tenían jurisdicción sobre asuntos que involucraban a los siervos y las tierras dentro de su feudo. Los señores feudales tenían un alto grado de autoridad en sus tierras y ejercían el poder judicial en sus dominios.

Resolución de Disputas Civiles y Penales: Los tribunales medievales trataban tanto con casos civiles como penales. En los casos civiles, resolvían disputas relacionadas con la propiedad, las deudas, las herencias y otros asuntos legales. En los casos penales, juzgaban delitos como el robo, el asesinato y otros actos criminales.

Juicio por Combate y Ordalías: En algunos casos, los tribunales medievales permitían métodos de juicio poco convencionales, como el juicio por combate o las ordalías. El juicio por combate implicaba que los acusados y los demandantes se enfrentaran en combate físico para determinar la culpabilidad o la inocencia. Las ordalías eran pruebas físicas, como caminar sobre brasas calientes, que se creía que revelaban la verdad divina.

Funcionarios Judiciales Locales: Los tribunales medievales estaban compuestos por funcionarios judiciales locales, que podían ser nobles locales, jueces designados o líderes comunitarios. Estos funcionarios tenían la autoridad para tomar decisiones judiciales y garantizar que se cumplieran.

Papel de la Iglesia: Durante la Edad Media, la Iglesia Católica desempeñó un papel significativo en la administración de justicia. Los tribunales eclesiásticos, conocidos como tribunales de la Iglesia, se ocupaban de asuntos relacionados con el derecho canónico, como el matrimonio y la moralidad. La Iglesia también tenía un sistema de juicios para determinar la herejía y la brujería.

Leyes y Derechos Locales: Los tribunales medievales a menudo estaban influenciados por las leyes y derechos locales, que variaban según la región y el contexto cultural. Esto significaba que las personas podían esperar un trato legal diferente dependiendo de dónde vivieran y bajo qué sistema legal estuvieran sujetos.

En resumen, los tribunales medievales desempeñaron un papel crucial en la administración de justicia en un período de la historia caracterizado por la descentralización del poder y la diversidad de leyes y costumbres locales. Estos tribunales eran responsables de resolver disputas civiles y penales, aplicar leyes locales y costumbres, y mantener el orden en sus respectivas comunidades y territorios. Su función variaba según el contexto histórico y geográfico, pero eran esenciales para la estabilidad de la sociedad medieval.

2.2 La influencia de la Carta Magna en el Common Law

La Carta Magna, también conocida como Magna Carta o Gran Carta, es un documento histórico fundamental que ha tenido una profunda influencia en el desarrollo del Common Law y en la evolución del sistema legal en Inglaterra y, posteriormente, en otros países de tradición common law. Emitida por el rey Juan I de Inglaterra en 1215, la Carta Magna estableció una serie de principios y limitaciones sobre el poder del monarca, que posteriormente se reflejaron en la jurisprudencia y en la formación del sistema legal inglés. Aquí se describen algunas de las formas en que la Carta Magna influyó en el Common Law:

1. Limitación del Poder Monárquico: La Carta Magna estableció la idea de que el rey estaba sujeto a la ley y no era un gobernante absoluto. Esto sentó las bases para el principio fundamental del Common Law de que ningún individuo, incluido el monarca, está por encima de la ley.

2. Derecho a un Juicio Justo: La Carta Magna garantizó el derecho a un juicio justo y la protección contra la detención arbitraria. Estipuló que ningún hombre podía ser privado de su libertad o propiedad sin el debido proceso legal y el juicio por sus pares.

Este principio es fundamental en el Common Law y se ha mantenido a lo largo de los siglos.

3. Habeas Corpus: La Carta Magna sentó las bases para el desarrollo posterior del hábeas corpus, un procedimiento legal que garantiza que una persona detenida sea llevada ante un tribunal y se le informen los cargos en su contra. El hábeas corpus es un pilar de la protección de los derechos individuales en el Common Law y en muchas jurisdicciones de todo el mundo.

4. Propiedad y Tributación: La Carta Magna abordó cuestiones relacionadas con la propiedad y la tributación. Estableció que la propiedad privada no podía ser confiscada sin compensación justa y que ciertos impuestos solo podían imponerse con el consentimiento de un consejo de nobles. Estos principios influyeron en el desarrollo de la ley de propiedad y de impuestos en el Common Law.

5. Protección de las Libertades Nobiliarias: Aunque inicialmente se redactó para proteger los intereses de la nobleza, con el tiempo, los principios de la Carta Magna se aplicaron más ampliamente para proteger las libertades y derechos de todos los ciudadanos, independientemente de su estatus social. Esto contribuyó a la idea de igualdad ante la ley en el Common Law.

6. Establecimiento del Principio de Debido Proceso: La Carta Magna estableció el principio de debido proceso legal, que exige que las personas tengan la oportunidad de defenderse ante un tribunal imparcial antes de ser privadas de sus derechos o propiedades. Este principio ha sido fundamental en el Common Law y en sistemas legales de todo el mundo.

7. Protección de la Iglesia y la Iglesia de Roma: La Carta Magna también contenía disposiciones que protegían los derechos de la Iglesia y la relación entre Inglaterra y la Iglesia de Roma. Esto tuvo implicaciones importantes para el desarrollo del derecho canónico en el Common Law.

La Carta Magna fue revocada y restablecida en varias ocasiones durante la Edad Media, pero su influencia en la evolución del Common Law fue perdurable. A medida que el Common Law se desarrolló y expandió a otras partes del mundo a través del imperio británico, los principios consagrados en la Carta Magna se convirtieron en elementos fundamentales de la jurisprudencia de los países de tradición common law. La influencia de la Carta Magna se puede observar en constituciones y sistemas legales de diversos países, incluidos Estados Unidos, Canadá, Australia y otros, donde los principios de limitación del poder, juicio justo y debido proceso siguen siendo fundamentales en la administración de justicia. En este sentido, la Carta Magna representa un hito histórico en la lucha por los derechos y las libertades individuales que continúa resonando en la jurisprudencia contemporánea.

2.3 Evolución de la jurisprudencia a través de los siglos

La evolución de la jurisprudencia a través de los siglos es un proceso complejo y rico que refleja la transformación de las sociedades y sus valores a lo largo de la historia. La jurisprudencia, que se refiere al cuerpo de decisiones y razonamientos legales de los tribunales, ha experimentado cambios significativos a lo largo de los siglos, impulsados por una serie de factores históricos, culturales, políticos y sociales. A continuación, se presenta una visión general de la evolución de la jurisprudencia a través de diferentes períodos históricos:

1. Antigüedad:

Derecho Romano: Durante la Antigua Roma, el Derecho Romano se convirtió en uno de los sistemas legales más influyentes de la historia. El énfasis en la jurisprudencia escrita, la creación de códigos legales y la figura del jurisconsulto contribuyeron a la formación de una base sólida para el desarrollo posterior de la jurisprudencia.

Derecho Griego: En la Antigua Grecia, figuras como Solón contribuyeron a la creación de sistemas legales y políticos que influenciaron la jurisprudencia europea. Aunque no existían códigos escritos en el sentido romano, se sentaron las bases para la filosofía jurídica.

2. Edad Media:

Common Law y Derecho Canónico: Durante la Edad Media, el Common Law de Inglaterra y el Derecho Canónico de la Iglesia Católica desempeñaron un papel importante en el desarrollo de la jurisprudencia. La Carta Magna y el uso del precedente judicial en el Common Law sentaron las bases para el respeto de los derechos individuales.

Códigos de Leyes: En contraste, en otras partes de Europa continental, surgieron códigos de leyes escritas, como el Código de Justiniano, que influyeron en la formación de sistemas legales civiles.

3. Renacimiento y la Edad Moderna:

Derecho Natural y Derechos Humanos: Durante el Renacimiento y la Edad Moderna, la filosofía del derecho natural se convirtió en una influencia importante en la jurisprudencia. Figuras como Hugo Grocio y John Locke contribuyeron al desarrollo de conceptos de derechos humanos universales y la igualdad ante la ley.

La Ilustración y la Revolución Francesa: La Ilustración y la Revolución Francesa llevaron a cambios significativos en la jurisprudencia. La Declaración de los Derechos del Hombre y del Ciudadano de 1789 sentó las bases para los principios de igualdad, libertad y fraternidad en el sistema legal francés y en otros lugares.

4. Siglo XIX:

Positivismo Jurídico: El siglo XIX vio el surgimiento del positivismo jurídico, que argumentaba que la ley debía basarse en textos legales y no en conceptos abstractos de justicia. Esto influyó en la forma en que se abordaban los casos y en cómo se interpretaban las leyes.

5. Siglo XX:

Derechos Civiles y Derechos Humanos: El siglo XX fue testigo de avances significativos en la jurisprudencia relacionada con los derechos civiles y humanos. La creación de organismos internacionales como las Naciones Unidas y la Corte Internacional de Justicia, así como eventos como los juicios de Núremberg, influyeron en la jurisprudencia internacional y la protección de los derechos humanos.

Desarrollo Tecnológico: El avance tecnológico en el siglo XX también tuvo un impacto en la jurisprudencia, especialmente en áreas como la propiedad intelectual, la privacidad en línea y la ciberseguridad. La jurisprudencia se adaptó para abordar estos nuevos desafíos.

6. Siglo XXI:

Globalización y Derecho Internacional: En el siglo XXI, la globalización ha llevado a una mayor interconexión entre las jurisdicciones y al surgimiento de cuestiones legales transnacionales. La jurisprudencia se ha adaptado para abordar cuestiones globales, como el comercio internacional, los derechos humanos y el medio ambiente.

Tecnología y Derecho: La tecnología continúa transformando la jurisprudencia en áreas como la inteligencia artificial, la ciberseguridad y la protección de datos. Los tribunales se enfrentan a nuevos desafíos legales relacionados con la innovación tecnológica.

En resumen, la evolución de la jurisprudencia a lo largo de los siglos refleja la evolución de la sociedad, la política y la cultura. Desde las civilizaciones antiguas hasta la era moderna, la jurisprudencia ha respondido a cambios significativos en la forma en que se comprenden y aplican las leyes, así como en la protección de los derechos individuales y colectivos. Esta evolución continuará a medida que la sociedad y el mundo jurídico enfrenten nuevos desafíos en el siglo XXI y más allá.

2.4 Consolidación del sistema de precedentes

La consolidación del sistema de precedentes es un proceso fundamental en el Common Law, que se refiere a la formación y el fortalecimiento de un sistema de jurisprudencia basado en decisiones judiciales anteriores. Este sistema es esencial para la coherencia y la predictibilidad en la toma de decisiones judiciales y es una característica distintiva del Common Law. A lo largo de los siglos, el sistema de precedentes se ha consolidado y refinado, y su evolución ha sido influyente en el desarrollo de la jurisprudencia. Aquí se presentan algunas de las formas en que se ha consolidado el sistema de precedentes:

Establecimiento de Cortes de Apelación:

La creación de cortes de apelación y tribunales superiores ha sido crucial para la consolidación del sistema de precedentes. Estas instancias judiciales tienen la autoridad de revisar y confirmar, modificar o revocar decisiones de tribunales inferiores. Establecen precedentes para casos futuros y aseguran que la jurisprudencia se desarrolle de manera coherente en todo el sistema legal.

La Doctrina de Stare Decisis:

La doctrina de "stare decisis" es fundamental para el sistema de precedentes. Significa "mantener lo que ha sido decidido" y establece que los tribunales deben seguir los precedentes judiciales existentes a menos que haya una razón válida para desviarse de ellos. Esto garantiza la continuidad y la coherencia en la jurisprudencia.

Reportes Legales y Documentación de Casos:

La consolidación del sistema de precedentes se ha visto facilitada por la documentación adecuada de casos y la creación de reportes legales. Los reportes legales son colecciones organizadas de decisiones judiciales que permiten el acceso a precedentes anteriores. Estos documentos ayudan a los abogados, jueces y académicos a estudiar la jurisprudencia y a aplicarla en casos futuros.

Revisión y Selección de Casos:

La selección cuidadosa de casos para su revisión por tribunales superiores es esencial para la consolidación de precedentes. Los tribunales seleccionan casos que plantean cuestiones legales importantes y que tienen el potencial de establecer precedentes significativos. Esta revisión selectiva contribuye a la clarificación y el desarrollo del derecho.

Uniformidad en la Aplicación de la Ley:

Los tribunales superiores y las cortes de apelación trabajan para garantizar la uniformidad en la aplicación de la ley en todo el sistema legal. Esto significa que, en la medida de lo posible, las decisiones judiciales deben ser coherentes y predecibles, incluso cuando se enfrentan a casos similares en jurisdicciones diferentes.

21

Evolución a lo Largo del Tiempo:

A medida que se acumulan más decisiones judiciales a lo largo del tiempo, el sistema de precedentes evoluciona y se adapta. Los tribunales pueden modificar o abandonar precedentes obsoletos o inadecuados a medida que cambian las circunstancias sociales, políticas y tecnológicas. Esto permite que la jurisprudencia se mantenga relevante en la sociedad contemporánea.

La Revisión de la Doctrina Legal:

Los académicos y juristas también desempeñan un papel en la consolidación de precedentes al analizar, debatir y criticar la jurisprudencia existente. La revisión crítica contribuye al desarrollo y la mejora del sistema legal.

Adaptación a la Legislación:

El sistema de precedentes debe adaptarse y coexistir con la legislación promulgada por el poder legislativo. Los tribunales interpretan y aplican las leyes legislativas y, en algunos casos, pueden declarar que una ley es inconstitucional en virtud de la Constitución del país.

En resumen, la consolidación del sistema de precedentes en el Common Law es un proceso continuo que ha evolucionado a lo largo de los siglos para garantizar la coherencia, la predictibilidad y la justicia en la toma de decisiones judiciales. Este sistema se basa en la autoridad de las decisiones judiciales anteriores y se apoya en la doctrina de "stare decisis" para guiar la aplicación de la ley en casos futuros. La consolidación del sistema de precedentes ha sido esencial para el desarrollo de la jurisprudencia en países de tradición common law.

2.5 Casos históricos que moldearon el Common Law

El Common Law se ha moldeado a lo largo de los siglos a través de una serie de casos históricos significativos que han establecido precedentes legales y principios fundamentales en la jurisprudencia. Estos casos han influido en la evolución del Common Law y han dejado una marca duradera en el sistema legal de países como Inglaterra y Estados Unidos. A continuación, se presentan algunos de los casos históricos más destacados que han moldeado el Common Law:

1. **Caso de Ana Bolena (1536):** Este caso es un ejemplo temprano de un juicio histórico que tuvo un impacto significativo en el Common Law. Ana Bolena, la segunda esposa de Enrique VIII de Inglaterra, fue acusada de adulterio y traición. El juicio y la ejecución de Ana Bolena sentaron un precedente sobre

la importancia del debido proceso y el derecho a un juicio justo, incluso para las personas acusadas de delitos graves.

2. **Caso Dr. Bonham (1610):** En este caso, el Dr. Bonham desafió la autoridad del Colegio Real de Médicos de Londres y argumentó que no podían ser jueces en su propio caso. El juez Coke dictaminó que los tribunales tenían el poder de revisar y anular leyes si eran inconstitucionales. Este caso contribuyó al desarrollo del principio de revisión judicial y el control de la constitucionalidad en el Common Law.

3. **Caso de John Peter Zenger (1735):** Este caso en la colonia de Nueva York involucró a un editor de periódico, John Peter Zenger, acusado de difamación contra el gobernador colonial. El abogado de Zenger argumentó que las declaraciones eran verdaderas y, por lo tanto, no difamatorias. El jurado desestimó las acusaciones, sentando un precedente importante para la libertad de prensa y la defensa de la verdad en el Common Law.

4. **Caso Somerset v. Stewart (1772):** En este caso, Lord Mansfield, juez principal de Inglaterra, dictaminó que la esclavitud no tenía fundamento en el Common Law y que ningún esclavo podía ser obligado a abandonar el país. Aunque no abolió la esclavitud en Inglaterra, sentó las bases para futuras decisiones y legislación que limitarían la esclavitud en el Imperio Británico.

5. **Caso Marbury v. Madison (1803):** Este caso emblemático en Estados Unidos estableció el principio de revisión judicial y la capacidad de los tribunales de declarar inconstitucionales leyes promulgadas por el Congreso. El Tribunal Supremo de Estados Unidos, bajo la dirección del presidente de la corte, John Marshall, afirmó su poder de revisión judicial en este caso, consolidando así su importancia en el sistema de separación de poderes.

6. **Caso McCulloch v. Maryland (1819):** Este caso abordó la cuestión de si el Congreso de Estados Unidos tenía la autoridad para establecer un banco nacional y si los estados tenían el poder de gravar sus operaciones. La decisión del Tribunal Supremo, escrita por John Marshall, amplió el alcance del poder del gobierno federal y estableció la doctrina de la supremacía federal sobre las leyes estatales.

7. **Caso Plessy v. Ferguson (1896):** Este caso, lamentablemente, estableció la doctrina de "separados pero iguales" en relación con la segregación racial en Estados Unidos. Aunque fue una decisión controvertida y ampliamente criticada, allanó el camino para el posterior caso Brown v. Board of Education (1954), que declaró la segregación escolar racial inconstitucional.

8. **Caso Brown v. Board of Education (1954):** Este caso histórico marcó un hito en la lucha por los derechos civiles en Estados Unidos. El Tribunal Supremo declaró que la segregación racial en las escuelas públicas era inconstitucional, poniendo fin a la doctrina de "separados pero iguales" y sentando un precedente importante para la igualdad de derechos.

Estos son solo algunos ejemplos de casos históricos que han moldeado el Common Law a lo largo de la historia. Cada uno de estos casos influyó en el desarrollo de principios legales y sentó importantes precedentes en temas como el debido proceso, la libertad de prensa, la revisión judicial, la igualdad de derechos y más. La jurisprudencia continúa evolucionando a medida que la sociedad y los valores cambian, y estos casos históricos continúan siendo puntos de referencia importantes en la interpretación y aplicación de la ley.

Capítulo 3:

El Sistema de Precedentes en el Common Law

3.1 Concepto de stare decisis

El término "stare decisis" es una locución latina que significa "mantener lo que ha sido decidido" o "mantenerse por lo decidido". Es un principio fundamental en el sistema legal de Common Law y se refiere al concepto de que los tribunales deben adherirse a las decisiones previas (precedentes) tomadas en casos similares. En otras palabras, los tribunales deben seguir las decisiones judiciales anteriores al resolver casos futuros que presentan cuestiones legales similares.

El principio de stare decisis se basa en la idea de que la consistencia y la predictibilidad en la toma de decisiones judiciales son esenciales para la justicia y la estabilidad en el sistema legal. Al adherirse a los precedentes judiciales, se busca garantizar que las personas y las empresas puedan prever cómo se aplicará la ley en situaciones similares, lo que aporta seguridad jurídica.

El principio de stare decisis se puede dividir en dos componentes principales:

1. **Stare Decisis Horizontal:** Esto se refiere a la obligación de un tribunal inferior de seguir las decisiones de un tribunal superior en la misma jerarquía legal. Por ejemplo, un tribunal de apelación generalmente debe seguir las decisiones del tribunal supremo de su jurisdicción.

2. **Stare Decisis Vertical:** Esto se refiere a la obligación de un tribunal de seguir sus propias decisiones anteriores, lo que se conoce como "vinculación de precedentes". Un tribunal, en general, debe seguir sus propias decisiones pasadas en casos similares, a menos que existan razones sólidas para cambiar o anular el precedente.

Sin embargo, es importante destacar que el principio de stare decisis no es inflexible y puede haber excepciones. Los tribunales tienen la capacidad de distinguir los casos si encuentran diferencias sustanciales entre el caso actual y el precedente o de superar el precedente si consideran que la decisión anterior fue incorrecta o ya no es relevante debido a cambios en la sociedad, la tecnología o las circunstancias.

En resumen, el principio de stare decisis es un pilar fundamental del sistema de Common Law y se refiere a la obligación de los tribunales de seguir las decisiones judiciales anteriores al resolver casos similares. Este principio promueve la coherencia, la previsibilidad y la estabilidad en la jurisprudencia y es esencial para la aplicación uniforme de la ley en el sistema legal de Common Law.

3.2 Jerarquía de los tribunales y la autoridad de los precedentes

La jerarquía de los tribunales y la autoridad de los precedentes son conceptos fundamentales en el sistema legal de Common Law. Estos conceptos establecen cómo se organiza y opera el sistema judicial y cómo las decisiones judiciales anteriores influyen en la toma de decisiones judiciales futuras. A continuación, se describe la jerarquía típica de los tribunales en un sistema de Common Law y cómo funciona la autoridad de los precedentes en esta estructura:

1. Tribunales de Primera Instancia:

- Estos tribunales, a menudo conocidos como tribunales de primera instancia o tribunales de nivel inferior, son la primera parada en la mayoría de los casos legales. Los jueces en estos tribunales escuchan pruebas, aplican la ley y emiten decisiones en casos individuales. Sus decisiones suelen tener un alcance geográfico limitado y, en general, no establecen precedentes vinculantes para otros tribunales.

2. Cortes de Apelación o Tribunales de Nivel Intermedio:

- Las cortes de apelación son el siguiente nivel en la jerarquía de los tribunales. Su función principal es revisar las decisiones tomadas por los tribunales de primera instancia en casos en los que una de las partes haya presentado una apelación. Estos tribunales pueden confirmar, modificar o revocar las decisiones de los tribunales de primera instancia y, al hacerlo, establecer precedentes que son vinculantes en su jurisdicción.

3. Tribunal Supremo o Corte Suprema:

- El tribunal supremo o corte suprema es el tribunal de más alto nivel en la jerarquía legal de un país o estado. Es la última instancia para apelar decisiones judiciales y, en muchos sistemas legales, sus decisiones son vinculantes para todos los tribunales inferiores dentro de la jurisdicción. Las decisiones del tribunal supremo tienen un alto grado de autoridad y se utilizan como precedentes vinculantes para casos futuros.

Funcionamiento de la Autoridad de los Precedentes:

- En un sistema de Common Law, los tribunales, en particular los tribunales de apelación y el tribunal supremo, tienen la responsabilidad de establecer precedentes legales. Cuando un tribunal emite una decisión en un caso, esa decisión se convierte en un precedente que puede guiar la toma de decisiones en casos futuros similares.
- La autoridad de un precedente depende de varios factores, incluida la jerarquía de los tribunales. En general, los tribunales de nivel inferior están

obligados a seguir los precedentes establecidos por tribunales de nivel superior en su jurisdicción. Esto significa que las decisiones del tribunal supremo son vinculantes para todos los tribunales inferiores en la jurisdicción.

- Sin embargo, los tribunales también tienen la capacidad de distinguir casos si encuentran diferencias sustanciales entre el caso actual y el precedente, o de superar un precedente si consideran que la decisión anterior fue incorrecta o ya no es relevante debido a cambios en la sociedad, la tecnología o las circunstancias.
- La autoridad de los precedentes puede variar según la jurisdicción y el sistema legal. Algunas jurisdicciones pueden tener múltiples cortes de apelación, y las decisiones de una corte de apelación pueden no ser vinculantes para otra corte de apelación en la misma jurisdicción.

En resumen, la jerarquía de los tribunales en un sistema de Common Law y la autoridad de los precedentes son elementos clave que proporcionan coherencia y consistencia en la toma de decisiones judiciales. Los tribunales superiores, como el tribunal supremo, establecen precedentes vinculantes que deben seguirse en tribunales inferiores dentro de la misma jurisdicción, lo que garantiza la aplicación uniforme de la ley y la protección de los derechos y las libertades individuales.

3.3 Cómo se establecen los precedentes

Los precedentes en un sistema legal de Common Law se establecen a través de un proceso legal que involucra la toma de decisiones judiciales por parte de los tribunales. Aquí se explica cómo se establecen los precedentes:

Caso Legal: El proceso comienza con un caso legal específico que llega a un tribunal. Este caso puede surgir en una corte de primera instancia, una corte de apelación o incluso en la corte suprema, dependiendo de la jurisdicción y la naturaleza del caso.

Argumentación de las Partes: En el proceso judicial, las partes involucradas, es decir, los demandantes y los demandados, presentan argumentos legales y pruebas para respaldar sus posiciones. Estos argumentos pueden basarse en la ley, la jurisprudencia anterior, la interpretación de la ley y otros elementos legales relevantes.

Toma de Decisiones: El tribunal, ya sea un tribunal de primera instancia, una corte de apelación o la corte suprema, revisa los argumentos y las pruebas presentadas por las partes. Luego, el tribunal emite una decisión en el caso, que puede incluir una interpretación de la ley y una resolución sobre la controversia en cuestión.

Razones y Análisis: En la decisión del tribunal, se incluyen razones y análisis legales que explican la base para la decisión tomada. Estos razonamientos pueden abordar cuestiones legales específicas y cómo se aplican a los hechos del caso.

Precedente: La decisión del tribunal, junto con su razonamiento legal, se convierte en un precedente. El precedente es la parte crucial de la decisión que establece una norma o un principio legal que se aplicará a casos futuros similares.

Publicación: En muchos sistemas legales, las decisiones judiciales, especialmente las de tribunales de nivel superior, se publican en forma de reportes legales. Estos reportes legales son colecciones organizadas de decisiones judiciales y sus precedentes. La publicación permite que los abogados, los jueces y otros profesionales del derecho tengan acceso a la jurisprudencia y utilicen los precedentes en casos futuros.

Seguimiento de Precedentes: Los tribunales posteriores, al abordar casos similares o relacionados, revisan los precedentes existentes para determinar cómo deben decidir. Siguen la doctrina de stare decisis, que les obliga a seguir los precedentes establecidos a menos que haya una razón convincente para desviarse de ellos.

Distinguir o Superar Precedentes: Si un tribunal considera que un caso es lo suficientemente diferente de los precedentes existentes, puede distinguir el caso, lo que significa que no seguirá el precedente en esa situación específica. También puede superar un precedente si encuentra que la decisión anterior ya no es válida o relevante debido a cambios en la ley o en las circunstancias.

Es importante destacar que la creación y la autoridad de los precedentes varían según la jurisdicción y el sistema legal. En algunos sistemas, como el de Estados Unidos, los precedentes pueden tener una autoridad vinculante en todo el país. En otros sistemas, los precedentes pueden ser más flexibles o estar limitados a la jurisdicción específica en la que se originó la decisión judicial. La forma en que se establecen y se aplican los precedentes es fundamental para la coherencia y la predictibilidad en la jurisprudencia del Common Law.

3.4 Limitaciones y excepciones al sistema de precedentes

Aunque el sistema de precedentes en el Common Law es fundamental para la coherencia y la consistencia en la jurisprudencia, también tiene limitaciones y excepciones importantes. Estas limitaciones y excepciones permiten que los tribunales ajusten y adapten la ley a las circunstancias cambiantes y a la evolución de la sociedad. Aquí se presentan algunas de las limitaciones y excepciones más comunes al sistema de precedentes:

1. Distinguir Precedentes:

Una de las limitaciones más comunes es la capacidad de los tribunales para distinguir un caso actual de un precedente existente. Si un tribunal encuentra diferencias sustanciales entre el caso actual y el precedente, puede considerar que el precedente no es aplicable y, en su lugar, tomar una decisión basada en las circunstancias específicas del caso en cuestión.

2. Superar Precedentes:

Los tribunales tienen la autoridad para superar un precedente si consideran que la decisión anterior ya no es válida o relevante. Esto puede ocurrir si ha habido cambios significativos en la ley, la sociedad o las circunstancias que hacen que el precedente sea obsoleto. La superación de precedentes es una acción seria y se realiza con cuidado.

3. Reevaluación por el Tribunal Supremo:

El tribunal supremo o corte suprema de una jurisdicción tiene la autoridad de reevaluar y cambiar sus propios precedentes. Si el tribunal supremo considera que una decisión anterior fue incorrecta o inadecuada, puede optar por revertirla o modificarla a través de una nueva decisión. Esto es especialmente relevante en sistemas legales donde el tribunal supremo tiene la autoridad de última instancia.

4. Conflicto de Precedentes:

En ocasiones, pueden surgir conflictos entre precedentes judiciales, donde dos o más decisiones anteriores parecen estar en desacuerdo. Los tribunales pueden abordar tales conflictos considerando los méritos de cada precedente y optando por seguir uno sobre otro o buscar una solución intermedia.

5. Cambios en la Legislación:

Si el poder legislativo promulga una nueva ley que contradice un precedente existente, la ley prevalece sobre el precedente. Los tribunales a menudo deben adaptarse a los cambios en la legislación y ajustar sus decisiones en consecuencia.

6. Cambios Sociales y Culturales:

Los cambios significativos en la sociedad y la cultura pueden influir en la revisión y adaptación de precedentes. Los tribunales pueden considerar la evolución de las normas sociales y los valores al tomar decisiones legales.

7. Precedentes no Vinculantes:

En algunos sistemas legales, no todos los precedentes son vinculantes. Los tribunales de nivel inferior pueden considerar precedentes de tribunales superiores como perspicaces pero no necesariamente vinculantes. Esto les brinda cierta flexibilidad para tomar decisiones basadas en su propio razonamiento.

8. Jurisdicciones Diferentes:

Los tribunales en diferentes jurisdicciones pueden no estar obligados a seguir los precedentes de otros tribunales. En algunos casos, los tribunales pueden considerar la jurisprudencia de otras jurisdicciones como persuasiva pero no vinculante.

En resumen, el sistema de precedentes en el Common Law no es inflexible y tiene limitaciones y excepciones que permiten a los tribunales ajustar y adaptar la ley a las circunstancias cambiantes. Estas limitaciones y excepciones se utilizan para garantizar que la ley sea justa y aplicable a las situaciones actuales y para evitar que los precedentes obsoletos o incorrectos rijan la toma de decisiones judiciales.

3.5 La doctrina de overruling y distinguishing

La doctrina de "overruling" y "distinguishing" son dos conceptos importantes en el sistema legal de Common Law que se utilizan para tratar con precedentes legales y decisiones judiciales anteriores. Estos conceptos permiten a los tribunales manejar situaciones en las que deben tomar decisiones que pueden parecer contradecir o diferir de precedentes existentes. Aquí se explica cada uno de estos conceptos:

Overruling:

La doctrina de "overruling" se refiere a la acción de un tribunal de nivel superior, como un tribunal de apelación o un tribunal supremo, de revocar o anular una decisión anterior tomada en un caso específico o establecer un nuevo precedente que contradice el precedente existente. En otras palabras, cuando un tribunal opta por "overrule" un precedente, está declarando que la decisión anterior ya no es válida o que se considera incorrecta. Este proceso puede ocurrir por varias razones:

Cambios en la ley: Si ha habido cambios en la legislación que hacen que una decisión judicial anterior sea incompatible con la nueva ley, un tribunal puede optar por "overrule" el precedente y alinear su decisión con la nueva ley.

Cambios en la sociedad: Si la sociedad ha experimentado un cambio significativo en las normas sociales, los valores o las expectativas, un tribunal puede considerar que un precedente anterior ya no refleja la realidad actual y puede optar por "overrule" la decisión.

Decisiones erróneas: Si un tribunal considera que una decisión judicial anterior fue incorrecta y que ha llevado a resultados injustos o incorrectos, puede decidir "overrule" el precedente para rectificar el error.

Distinguishing:

La doctrina de "distinguishing" es un enfoque diferente que permite a los tribunales tratar con precedentes sin revocarlos por completo. Cuando un tribunal utiliza la técnica de "distinguishing", está reconociendo que existen diferencias sustanciales entre el caso actual y el precedente existente, lo que justifica una decisión diferente. En otras palabras, el tribunal está argumentando que las circunstancias del caso actual son tan distintas o únicas que el precedente no es aplicable.

Algunos ejemplos de situaciones en las que se utiliza la técnica de "distinguishing" incluyen:

Diferencias de hechos: Si los hechos en el caso actual son significativamente diferentes de los hechos en el precedente, un tribunal puede distinguir el caso basándose en estas diferencias.

Cambios en la ley: Si ha habido cambios en la legislación que afectan la aplicabilidad de un precedente a un caso actual, un tribunal puede distinguir el precedente.

Consideraciones adicionales: Si el tribunal encuentra que hay consideraciones adicionales o factores relevantes en el caso actual que no estaban presentes en el precedente, puede utilizar la técnica de "distinguishing" para tomar una decisión diferente.

En resumen, la doctrina de "overruling" implica revocar un precedente anterior, mientras que la técnica de "distinguishing" permite a los tribunales tomar decisiones diferentes al reconocer diferencias sustanciales entre el caso actual y el precedente. Ambos enfoques son herramientas importantes en el sistema de Common Law para garantizar que la ley sea justa y aplicable a las circunstancias específicas de cada caso.

Capítulo 4:

Proceso Judicial en el Common Law

4.1 Roles de los jueces y abogados en el sistema de Common Law

En el sistema de Common Law, tanto los jueces como los abogados desempeñan roles fundamentales en la administración de justicia y en la interpretación y aplicación de la ley. Sus funciones varían según su posición en el sistema legal y su papel en un caso específico. A continuación, se describen los roles y responsabilidades de los jueces y abogados en el sistema de Common Law:

Roles de los Jueces:

Interpretación y Aplicación de la Ley: Los jueces son responsables de interpretar y aplicar la ley en los casos que llegan a sus tribunales. Esto implica analizar las leyes, los precedentes y los argumentos de las partes para tomar decisiones judiciales fundamentadas en el derecho aplicable.

Imparcialidad: Los jueces deben ser imparciales y neutrales en su toma de decisiones. Deben garantizar que todas las partes tengan la oportunidad de presentar sus argumentos y pruebas de manera justa y equitativa, sin favoritismos.

Resolución de Conflictos: Los jueces resuelven disputas legales y conflictos entre las partes. Su objetivo es llegar a una resolución justa y equitativa basada en la interpretación y aplicación de la ley.

Control de Procedimientos: Los jueces tienen la responsabilidad de controlar los procedimientos legales en el tribunal. Esto incluye tomar decisiones sobre la admisibilidad de pruebas, gestionar el calendario de audiencias y garantizar que el proceso judicial se desarrolle de manera ordenada y eficiente.

Emisión de Decisiones por Escrito: Los jueces emiten decisiones por escrito que explican las razones detrás de sus veredictos. Estas decisiones se convierten en precedentes que pueden ser utilizados en casos futuros.

Jurado: En algunos casos, los jueces presiden los juicios ante jurados, garantizando que el jurado entienda sus responsabilidades y las reglas legales aplicables.

Roles de los Abogados:

Representación Legal: Los abogados representan a sus clientes en procedimientos legales. Su función principal es defender los intereses de sus clientes y abogar en su nombre en el tribunal.

Asesoramiento Legal: Los abogados asesoran a sus clientes sobre cuestiones legales, derechos y responsabilidades. Ayudan a sus clientes a comprender las implicaciones legales de sus acciones y a tomar decisiones informadas.

Investigación y Preparación: Los abogados investigan y recopilan pruebas, preparan argumentos legales y desarrollan estrategias para el caso. Esto implica la revisión de leyes, precedentes y jurisprudencia relevante.

Presentación de Argumentos: Los abogados presentan argumentos orales y escritos ante el tribunal en nombre de sus clientes. Esto incluye la presentación de pruebas, el interrogatorio de testigos y la presentación de argumentos legales.

Negociación: Los abogados a menudo participan en negociaciones fuera de los tribunales para resolver disputas de manera amigable. Buscan acuerdos que sean beneficiosos para sus clientes y eviten el litigio.

Defensa de Derechos: Los abogados defienden los derechos y las libertades de sus clientes, asegurándose de que se respeten sus garantías constitucionales y legales.

Ética y Profesionalismo: Los abogados deben cumplir con altos estándares éticos y de profesionalismo en su práctica legal. Esto incluye el respeto por el sistema legal, la confidencialidad y la honestidad en sus relaciones con los clientes y los tribunales.

En resumen, los jueces y los abogados desempeñan roles complementarios en el sistema de Common Law. Los jueces son responsables de interpretar y aplicar la ley de manera imparcial, mientras que los abogados representan y defienden los intereses de sus clientes en los tribunales. Esta división de roles y responsabilidades es esencial para el funcionamiento del sistema legal y la administración de justicia.

4.2 El jurado y su función en los juicios

El jurado es un componente esencial del sistema legal en muchos países que siguen el sistema de Common Law, como Estados Unidos y el Reino Unido. El jurado cumple una función fundamental en los juicios, ya que representa una muestra imparcial de la comunidad y juega un papel importante en la toma de decisiones judiciales. A continuación, se describe la función del jurado en los juicios:

1. Evaluación de Hechos: La función principal del jurado es evaluar los hechos presentados en un juicio. Esto incluye escuchar testimonios de testigos, revisar pruebas físicas y documentales, y determinar qué versión de los hechos es más creíble. El jurado debe llegar a una conclusión sobre la culpa o la inocencia del acusado en un juicio penal o sobre la responsabilidad en un juicio civil.

2. Aplicación de la Ley: Aunque los abogados y el juez proporcionan orientación sobre las leyes y las normas legales aplicables, es responsabilidad del jurado aplicar esas leyes a los hechos del caso. El jurado debe decidir si el acusado ha violado la ley penal en un juicio criminal o si el demandado es responsable en un juicio civil.

3. Imparcialidad: El jurado debe ser imparcial y no tener prejuicios ni favoritismos hacia ninguna de las partes en el juicio. Los jurados son seleccionados para garantizar su imparcialidad y se espera que tomen decisiones basadas en la evidencia y la ley, en lugar de prejuicios personales.

4. Veredicto: Al final del juicio, el jurado emite un veredicto, que puede ser de culpabilidad o inocencia en un juicio penal o de responsabilidad o no responsabilidad en un juicio civil. El veredicto es la decisión final del jurado y puede tener implicaciones significativas para el acusado o el demandado.

5. Participación en la Justicia: La función del jurado se considera una forma de participación ciudadana en el sistema legal. Los jurados representan a la comunidad y desempeñan un papel vital en la administración de justicia al tomar decisiones fundamentales en nombre de la sociedad.

6. Evaluación de Credibilidad de Testigos: El jurado debe evaluar la credibilidad de los testigos que testifican en el juicio. Esto implica determinar si un testigo está siendo sincero y si su testimonio es confiable.

7. Deliberación: Después de escuchar todas las pruebas y los argumentos legales, el jurado se retira a una sala de deliberación para discutir el caso y llegar a un veredicto. Durante la deliberación, los miembros del jurado comparten sus puntos de vista y tratan de alcanzar un consenso.

8. Secreto de las Deliberaciones: Las deliberaciones del jurado son confidenciales, y los miembros del jurado están legalmente obligados a mantener en secreto lo que se discute durante esas deliberaciones. Esto permite que los jurados tomen decisiones sin temor a represalias o influencias externas.

En resumen, el jurado desempeña un papel crucial en el sistema de Common Law al evaluar hechos, aplicar la ley y emitir veredictos en juicios penales y civiles. Su función principal es garantizar que la justicia se administre de manera imparcial y que las decisiones judiciales reflejen la opinión de la comunidad en la que se lleva a cabo el juicio.

4.3 El proceso de selección de jurados

El proceso de selección de jurados, conocido como "voir dire" en el sistema legal de Common Law, es un componente crítico en el inicio de un juicio. Consiste en la selección de individuos imparciales y competentes para servir como miembros del jurado en un caso específico. A continuación, se describe el proceso de selección de jurados paso a paso:

1. Reclutamiento de Jurados:

Antes del juicio, se reclutan candidatos potenciales para servir como jurados. Estos candidatos suelen ser seleccionados de listas de ciudadanos elegibles, como registros de votantes o licencias de conducir. También pueden ser convocados al azar.

2. Citación a la Corte:

Los candidatos seleccionados reciben una citación para presentarse en la corte en una fecha y hora específicas. La citación les informa sobre su deber de comparecer y participar en el proceso de selección de jurados.

3. Cuestionario de Jurado:

Al llegar a la corte, los candidatos completan un cuestionario de jurado. Este cuestionario recopila información básica sobre ellos, como su ocupación, residencia, educación y antecedentes legales. También puede incluir preguntas sobre posibles prejuicios o conflictos de interés en relación con el caso.

4. Orientación:

Los candidatos reciben una orientación sobre el proceso de selección de jurados y sus responsabilidades como jurados potenciales. Se les explica el procedimiento y se les instruye sobre la importancia de ser imparciales y objetivos.

5. Voir Dire por el Abogado:

Los abogados de ambas partes en el caso tienen la oportunidad de hacer preguntas a los candidatos durante el proceso de "voir dire". Estas preguntas tienen como objetivo determinar la idoneidad de los candidatos y si tienen prejuicios que puedan afectar su capacidad para ser imparciales.

6. Desafíos de Causa:

Durante el proceso de "voir dire", los abogados pueden plantear desafíos de causa para eliminar a jurados potenciales que demuestren un prejuicio claro o una incapacidad para ser imparciales en el caso. El juez decide si concede o niega estos desafíos.

7. Desafíos Perentorios:

Además de los desafíos de causa, los abogados tienen un número limitado de desafíos perentorios, que les permiten eliminar a jurados potenciales sin proporcionar una razón específica. Estos desafíos se utilizan para equilibrar el jurado según las estrategias legales de las partes.

8. Selección del Jurado:

Una vez completado el proceso de "voir dire" y los desafíos, se seleccionan a los miembros del jurado imparcial y competente. El número de jurados seleccionados varía según la jurisdicción y el tipo de caso.

9. Juramento del Jurado:

Los miembros del jurado seleccionados prestan juramento para cumplir con sus deberes de manera imparcial y según la ley. A partir de este momento, se convierten en jurados y participan en el juicio.

10. Comienzo del Juicio:

Con el jurado seleccionado y juramentado, comienza el juicio. Los jurados escuchan las pruebas, los testimonios y los argumentos legales de ambas partes y emiten un veredicto al final del proceso.

El proceso de selección de jurados es fundamental para garantizar un juicio justo y equitativo. Su objetivo es seleccionar a individuos imparciales y competentes que puedan evaluar objetivamente los hechos y aplicar la ley de manera justa en el caso en cuestión. Los abogados desempeñan un papel clave en este proceso al hacer preguntas y plantear desafíos para garantizar que el jurado sea imparcial y libre de prejuicios.

4.4 Presentación de pruebas y argumentos en un tribunal de Common Law

La presentación de pruebas y argumentos en un tribunal de Common Law sigue un procedimiento específico diseñado para garantizar un juicio justo y la aplicación adecuada de la ley.

A continuación, se describe el proceso general de presentación de pruebas y argumentos en un tribunal de Common Law:

1. Apertura del Juicio: El juicio comienza con una fase de apertura en la que los abogados de ambas partes presentan sus argumentos iniciales al tribunal y al jurado (si corresponde). Durante esta etapa, los abogados esbozan sus casos y explican lo que intentarán demostrar a lo largo del juicio.

2. Presentación de Testigos: Las partes presentan sus testigos uno por uno para brindar testimonio bajo juramento. El abogado que presenta al testigo realiza un interrogatorio directo para que el testigo describa los hechos, eventos o circunstancias pertinentes al caso.

3. Contrainterrogatorio: Después del interrogatorio directo, el abogado contrario tiene la oportunidad de llevar a cabo el contrainterrogatorio. Durante esta fase, el abogado formula preguntas adicionales al testigo para aclarar o cuestionar su testimonio.

4. Presentación de Pruebas Documentales y Físicas: Además del testimonio de los testigos, las partes presentan pruebas documentales y físicas relevantes al caso. Estas pruebas pueden incluir documentos, fotografías, videos, registros, objetos físicos u otros elementos que respalden sus argumentos.

5. Testigos Expertos: En algunos casos, se pueden presentar testigos expertos. Estos son profesionales con conocimientos especializados en un área específica relacionada con el caso. Los abogados interrogan a los testigos expertos y los utilizan para proporcionar una opinión experta sobre los hechos o cuestiones en disputa.

6. Argumentos de Clausura: Después de que ambas partes hayan presentado sus pruebas y testigos, se lleva a cabo la fase de argumentos de clausura. Durante esta etapa, los abogados resumen sus casos y argumentan ante el tribunal y el jurado (si corresponde) por qué su versión de los hechos es la correcta y por qué la ley está de su lado.

7. Instrucciones del Juez: El juez proporciona instrucciones al jurado (si hay uno) sobre la ley aplicable al caso. Estas instrucciones ayudan al jurado a entender las normas legales que deben aplicarse al evaluar las pruebas y emitir un veredicto.

8. Deliberación del Jurado (si corresponde): Si el juicio se lleva a cabo ante un jurado, los jurados se retiran a una sala de deliberación para discutir el caso y llegar a un veredicto. Esto se hace en privado y sin la presencia de las partes ni de los abogados.

9. Veredicto: Una vez que el jurado ha llegado a un veredicto o el juez ha tomado una decisión si el juicio es sin jurado, se anuncia el resultado en la corte.

10. Sentencia (si corresponde): En caso de un veredicto de culpabilidad en un juicio penal, el juez emite una sentencia. En un juicio civil, el juez puede emitir una decisión sobre responsabilidad y daños.

Este proceso garantiza que ambas partes tengan la oportunidad de presentar pruebas y argumentos de manera justa y que el tribunal, ya sea un juez o un jurado, tenga la información necesaria para tomar una decisión fundamentada en la ley y los hechos. El respeto por las reglas procesales y la imparcialidad son fundamentales en el sistema de Common Law para garantizar un juicio justo y equitativo.

4.5 La sentencia y la apelación en el sistema de Common Law

La sentencia y la apelación son fases cruciales en el sistema de Common Law que siguen a un juicio y tienen un impacto significativo en el resultado de un caso. A continuación, se describe cómo funcionan la sentencia y la apelación en el sistema de Common Law:

Sentencia:

Fase de Sentencia: Después de que un tribunal haya emitido un veredicto de culpabilidad en un caso penal o una decisión sobre responsabilidad en un caso civil, se procede a la fase de sentencia. En esta etapa, el tribunal determina la pena o el remedio que se impondrá al acusado en un caso penal o al demandado en un caso civil.

Factores de Sentencia: En los casos penales, el tribunal considera una serie de factores al determinar la pena, que pueden incluir la gravedad del delito, los antecedentes del acusado, las circunstancias atenuantes y agravantes, y las leyes aplicables. En los casos civiles, el tribunal puede otorgar una compensación monetaria o imponer otro tipo de remedio, como una orden de cumplimiento específico.

Audiencia de Sentencia: En algunos casos, se lleva a cabo una audiencia de sentencia en la que las partes presentan argumentos adicionales sobre la pena o el remedio propuesto. Las víctimas y los acusados (o las partes en un caso civil) también pueden presentar declaraciones impactantes que el tribunal considerará al tomar su decisión.

Emisión de la Sentencia: Una vez que el tribunal ha evaluado todos los factores y considerado los argumentos de las partes, emite una sentencia final. Esta sentencia puede incluir la pena que se impondrá en un caso penal (como prisión, multa o libertad condicional) o el remedio que se otorgará en un caso civil (como una indemnización por daños y perjuicios).

Apelación:

Derecho a Apelar: En el sistema de Common Law, las partes que no están satisfechas con la decisión del tribunal tienen el derecho de apelar. La apelación es un proceso mediante el cual una parte solicita a un tribunal de apelación que revise la decisión del tribunal inferior.

Motivos de Apelación: Las partes pueden apelar por diversos motivos, como errores procesales, errores en la interpretación de la ley, errores en la admisibilidad de pruebas o cuestiones de hecho y derecho. Deben presentar argumentos sólidos para demostrar que la decisión del tribunal inferior fue incorrecta.

Tribunal de Apelación: La apelación se lleva a cabo ante un tribunal de apelación o corte de apelaciones, que es un tribunal superior al tribunal original. Los jueces de apelación revisan el expediente, consideran los argumentos de ambas partes y pueden programar audiencias de apelación si es necesario.

Resultados de la Apelación: El tribunal de apelación puede tomar varias decisiones, que incluyen confirmar la decisión del tribunal inferior, modificarla, anularla o ordenar un nuevo juicio. La decisión del tribunal de apelación es definitiva y vinculante.

Jurisdicción Suprema: En algunos casos, si una de las partes no está satisfecha con la decisión del tribunal de apelación, puede solicitar una revisión adicional a través de un tribunal de jurisdicción suprema, como la Corte Suprema de Estados Unidos. Sin embargo, estos tribunales suelen seleccionar casos específicos para revisión y no revisan todos los casos en apelación.

En resumen, la sentencia y la apelación son componentes esenciales del sistema de Common Law que siguen a un juicio. La sentencia implica la determinación de una pena o un remedio, mientras que la apelación permite a las partes impugnar la decisión del tribunal y buscar una revisión por parte de un tribunal superior. La apelación es un medio importante para garantizar que las decisiones judiciales sean justas y precisas.

Capítulo 5:

Temas Actuales en el Common Law

5.1 Desarrollos recientes en la jurisprudencia del Common Law

Algunas tendencias generales y áreas de interés que pueden haber experimentado desarrollos recientes en la jurisprudencia del Common Law:

Derechos de privacidad en la era digital: Con el crecimiento de la tecnología y la recopilación masiva de datos, los tribunales de Common Law han estado lidiando con casos relacionados con la privacidad en línea, la vigilancia gubernamental y la protección de datos personales. Decisiones recientes han influido en cómo se equilibra la seguridad nacional y la privacidad individual.

Derechos LGBTQ+: Varios países de Common Law han visto avances en la jurisprudencia relacionada con los derechos de la comunidad LGBTQ+, incluida la legalización del matrimonio entre personas del mismo sexo y la protección contra la discriminación en el empleo y en la prestación de servicios.

Cannabis y marihuana: La legalización y regulación de la marihuana y el cannabis para uso medicinal y recreativo han llevado a desafíos legales en los tribunales de Common Law, abriendo debates sobre la regulación y el control de estas sustancias.

Derechos civiles y protestas: Las protestas y manifestaciones por cuestiones de derechos civiles, como la igualdad racial y la justicia social, han llevado a casos legales que abordan el equilibrio entre el derecho a la libertad de expresión y el orden público. La jurisprudencia reciente ha tenido un impacto en la regulación de las protestas.

Tecnología y propiedad intelectual: La creciente importancia de la tecnología ha generado casos relacionados con la propiedad intelectual, como patentes, derechos de autor y marcas registradas. Los tribunales de Common Law han abordado cuestiones legales en la industria tecnológica y de la propiedad intelectual.

Derechos humanos y asilo: Los tribunales de Common Law han examinado cuestiones relacionadas con los derechos humanos y el asilo, especialmente en el contexto de la inmigración y los refugiados. Las decisiones han tenido un impacto en las políticas de inmigración y asilo en varios países.

Cambios en la jurisprudencia penal: Ha habido cambios en la jurisprudencia penal en relación con cuestiones como la pena de muerte, la reforma del sistema penitenciario y la reducción de penas para delitos no violentos.

40

Medio ambiente y cambio climático: Los tribunales de Common Law han sido escenarios para casos relacionados con la protección del medio ambiente y el cambio climático. Las decisiones judiciales pueden influir en la regulación ambiental y la responsabilidad de las empresas.

Tecnologías emergentes: La jurisprudencia ha abordado temas relacionados con tecnologías emergentes como la inteligencia artificial, la biotecnología y los vehículos autónomos, lo que plantea cuestiones legales únicas.

Derechos de las minorías y grupos marginados: La jurisprudencia ha continuado desarrollándose en áreas relacionadas con la igualdad de derechos y la protección de las minorías, incluidos los derechos de los pueblos indígenas y la igualdad de género.

Es importante tener en cuenta que los desarrollos jurisprudenciales varían según la jurisdicción y están sujetos a cambios a lo largo del tiempo. Para obtener información actualizada sobre casos y desarrollos específicos en la jurisprudencia del Common Law, se recomienda consultar fuentes legales actualizadas y seguir los informes de casos y decisiones judiciales relevantes.

5.2 El impacto de la tecnología en el sistema legal

La tecnología ha tenido un impacto significativo en el sistema legal en todo el mundo y ha transformado la forma en que se llevan a cabo los procedimientos legales, se administran los tribunales y se toman decisiones judiciales. A continuación, se describen algunos de los impactos más destacados de la tecnología en el sistema legal:

1. Automatización y eficiencia: La automatización de tareas legales repetitivas, como la revisión de documentos y la gestión de casos, ha mejorado la eficiencia en la práctica legal. La inteligencia artificial (IA) y el procesamiento de lenguaje natural (NLP) se utilizan para analizar grandes cantidades de datos legales y acelerar la investigación legal.

2. E-filing y gestión de casos electrónicos: La implementación de sistemas electrónicos de presentación de documentos (e-filing) y la gestión de casos electrónicos (e-CM/ECM) ha simplificado el proceso de presentación de documentos en los tribunales y la gestión de casos legales. Esto reduce la necesidad de documentos en papel y facilita el acceso a registros judiciales.

3. Videoconferencias y audiencias virtuales: La tecnología permite la realización de audiencias judiciales virtuales y videoconferencias, lo que ha sido especialmente importante durante la pandemia de COVID-19. Esto reduce la necesidad de que las partes y los testigos se desplacen físicamente a los tribunales y agiliza los procedimientos judiciales.

4. Legaltech y software especializado: La industria legal ha visto la aparición de numerosas empresas de tecnología legal (legaltech) que ofrecen software y herramientas especializadas para abogados. Estas herramientas abarcan desde la gestión de contratos hasta la investigación legal, lo que ayuda a los profesionales a ser más eficientes.

5. Análisis predictivo y toma de decisiones: La tecnología de análisis predictivo se utiliza para evaluar la probabilidad de resultados legales en función de datos y precedentes anteriores. Esto puede ayudar a las partes a tomar decisiones informadas sobre si llegar a un acuerdo o llevar un caso a juicio.

6. Ciberseguridad y protección de datos: La tecnología también ha generado preocupaciones en el ámbito legal, especialmente en lo que respecta a la ciberseguridad y la protección de datos. Los bufetes de abogados y los tribunales deben tomar medidas para proteger la información confidencial y evitar ciberataques.

7. Legalización de firmas electrónicas: Muchos países han legalizado el uso de firmas electrónicas, lo que permite la autenticación y validación de documentos legales de manera electrónica. Esto ha simplificado la firma de contratos y acuerdos a distancia.

8. Acceso a la justicia: La tecnología ha mejorado el acceso a la justicia al permitir que las personas busquen asesoramiento legal en línea, accedan a recursos legales y presenten demandas o reclamos en línea. Esto puede ser especialmente beneficioso para personas que enfrentan barreras geográficas o económicas para obtener asesoramiento legal.

9. Ética y desafíos legales: La tecnología plantea cuestiones éticas y legales, como la privacidad en línea, la responsabilidad de la inteligencia artificial y la regulación de la criptomoneda y la tecnología blockchain. Los tribunales y legisladores están lidiando con estos desafíos en evolución.

En resumen, la tecnología ha transformado profundamente el sistema legal, mejorando la eficiencia, la accesibilidad y la toma de decisiones judiciales. Sin embargo, también ha generado desafíos legales y éticos que deben ser abordados a medida que la tecnología continúa evolucionando.

5.3 El Common Law en el contexto internacional

El Common Law, en su origen, se desarrolló en Inglaterra y se aplicó principalmente en jurisdicciones de habla inglesa, como el Reino Unido, Estados Unidos, Canadá, Australia y Nueva Zelanda. Sin embargo, a lo largo del tiempo, el Common Law ha influido en el contexto internacional de varias maneras importantes:

Difusión del Common Law: A medida que las antiguas colonias británicas obtuvieron independencia y establecieron sus propios sistemas legales, muchas de ellas adoptaron o incorporaron principios del Common Law en sus sistemas jurídicos. Esto se tradujo en la expansión del Common Law a nivel internacional.

Sistemas de Common Law en otros países: Además de las jurisdicciones históricamente vinculadas al Reino Unido, algunos países, como Irlanda y la India, también tienen sistemas legales de Common Law debido a su historia colonial británica. Estos sistemas han evolucionado para adaptarse a las necesidades locales y culturales.

Common Law en Organizaciones Internacionales: En el contexto de organizaciones internacionales, como las Naciones Unidas, la Unión Europea y la Organización Mundial del Comercio (OMC), los principios del Common Law a menudo se consideran en la resolución de disputas internacionales y en la elaboración de tratados y acuerdos internacionales.

La Common Law como base para el derecho comercial internacional: El Common Law ha influido en gran medida en el derecho comercial internacional. Los contratos comerciales y las transacciones internacionales a menudo están influenciados por principios de Common Law, especialmente en áreas como el derecho mercantil y la ley de contratos.

Influencia en la jurisprudencia internacional: Las decisiones judiciales de las jurisdicciones de Common Law, como las cortes supremas de Estados Unidos y el Reino Unido, han tenido un impacto significativo en la jurisprudencia internacional. Sus precedentes a menudo se citan en casos internacionales y tribunales internacionales.

Influencia en la protección de derechos humanos: Los países que siguen el Common Law han desempeñado un papel importante en la promoción y protección de los derechos humanos a nivel internacional. La jurisprudencia de estas jurisdicciones ha sido relevante en casos ante cortes internacionales de derechos humanos.

Formación de abogados internacionales: Muchos abogados internacionales y especialistas en derecho internacional han sido entrenados en jurisdicciones de Common Law, lo que ha contribuido a la difusión de los principios del Common Law en el ámbito internacional.

Common Law y arbitraje internacional: El Common Law también ha influido en la resolución de disputas internacionales a través del arbitraje. Los tribunales de arbitraje a menudo aplican principios del Common Law al resolver disputas comerciales y de inversión.

En resumen, el Common Law ha tenido una influencia significativa en el contexto internacional a través de la difusión de sus principios legales, su aplicación en sistemas legales de otros países y su influencia en el desarrollo del derecho comercial internacional y la jurisprudencia de derechos humanos. A pesar de las diferencias entre los sistemas legales de Common Law y Civil Law, el Common Law ha desempeñado un papel importante en el orden legal global.

5.4 Desafíos éticos en el ejercicio del Common Law

El ejercicio del Common Law, al igual que cualquier sistema legal, enfrenta desafíos éticos que los abogados, jueces y profesionales del derecho deben abordar. Estos desafíos éticos pueden variar según la jurisdicción y la cultura legal, pero algunos de los desafíos éticos más comunes incluyen:

Confidencialidad y secreto profesional: Los abogados tienen la obligación ética de mantener la confidencialidad de la información proporcionada por sus clientes. Sin embargo, esto puede entrar en conflicto con la obligación de denunciar actividades ilegales o dañinas. Los abogados deben equilibrar la confidencialidad con su deber de actuar éticamente en interés de la justicia.

Conflictos de interés: Los abogados deben evitar los conflictos de interés y garantizar que puedan representar a sus clientes de manera imparcial y efectiva. La gestión de conflictos éticos, especialmente en bufetes de abogados grandes o en casos complejos, puede ser un desafío importante.

Ética en la presentación de pruebas: Los abogados tienen la responsabilidad ética de presentar pruebas de manera justa y precisa en los tribunales. Esto incluye la obligación de no ocultar pruebas que sean perjudiciales para su cliente y de no presentar testimonios falsos o engañosos.

Prácticas publicitarias y comerciales: La publicidad y el marketing en el ejercicio del derecho pueden plantear desafíos éticos, ya que los abogados deben evitar la publicidad engañosa o que pueda inducir a error a los clientes potenciales.

Integridad en la profesión: Los abogados deben mantener altos estándares de integridad profesional y ética. Esto incluye ser honestos y éticos en todas las transacciones comerciales y en la representación de clientes.

Acceso a la justicia: Garantizar el acceso a la justicia para todos, incluidos aquellos que no pueden pagar servicios legales, es un desafío ético en el ejercicio del Common Law. Los abogados deben considerar cómo pueden contribuir a la prestación de servicios legales asequibles y accesibles.

Ética en la relación abogado-cliente: Los abogados deben tratar a sus clientes con respeto y actuar en el mejor interés de sus clientes. Esto incluye proporcionar asesoramiento ético y completo, así como evitar prácticas abusivas o explotadoras.

Diversidad e inclusión: Promover la diversidad y la inclusión en la profesión legal es un desafío ético importante. Los abogados y las firmas de abogados deben esforzarse por crear entornos de trabajo inclusivos y garantizar que la justicia sea accesible para todas las comunidades.

Respeto por la autoridad judicial: Los abogados tienen la responsabilidad ética de respetar la autoridad de los tribunales y cumplir con las decisiones judiciales, incluso si no están de acuerdo con ellas. Esto es esencial para el funcionamiento del sistema legal.

Desafíos tecnológicos y éticos: La tecnología plantea nuevos desafíos éticos en el ejercicio del derecho, como la protección de datos, la ciberseguridad y el uso de la inteligencia artificial en la toma de decisiones legales. Los abogados deben adaptarse a estas cuestiones éticas emergentes.

En resumen, el ejercicio del Common Law se enfrenta a una serie de desafíos éticos que requieren una consideración cuidadosa y una adhesión a los principios éticos fundamentales. Los profesionales del derecho deben actuar de manera ética y mantener altos estándares de integridad para garantizar la justicia y la equidad en el sistema legal.

5.5 La adaptación del Common Law a los cambios sociales y culturales

La adaptación del Common Law a los cambios sociales y culturales es un aspecto fundamental del sistema legal para garantizar que la ley sea relevante y efectiva en una sociedad en constante evolución. Aquí se exploran algunos de los métodos y consideraciones clave en la adaptación del Common Law a los cambios sociales y culturales:

Precedentes y jurisprudencia evolutiva: Uno de los rasgos distintivos del Common Law es la importancia de los precedentes judiciales. Los tribunales de Common Law pueden interpretar y aplicar la ley en función de las circunstancias cambiantes y los valores sociales cambiantes. Esto permite que la jurisprudencia evolucione con el tiempo para abordar nuevas cuestiones legales.

Legislación y reforma legal: Los cambios sociales y culturales pueden dar lugar a la necesidad de nuevas leyes o a la reforma de las leyes existentes. Los legisladores pueden promulgar leyes para abordar cuestiones emergentes, como los derechos civiles, la protección del medio ambiente o la tecnología. La legislación puede reflejar y responder a las cambiantes normas sociales y culturales.

Interpretación constitucional: En las jurisdicciones con constituciones escritas, como Estados Unidos, la interpretación constitucional es fundamental. Los tribunales pueden reinterpretar la Constitución en función de los cambios sociales y culturales, lo que puede tener un impacto significativo en cuestiones como los derechos civiles, la igualdad de género y la libertad de expresión.

Ampliación de derechos: A lo largo de la historia, el Common Law ha sido instrumental en la ampliación de derechos civiles y civiles. Los tribunales de Common Law han emitido decisiones que reconocen y protegen nuevos derechos en respuesta a cambios en las actitudes sociales y culturales, como el derecho al matrimonio entre personas del mismo sexo.

Desafíos éticos y tecnológicos: La evolución de la tecnología y los desafíos éticos relacionados con ella, como la privacidad en línea y la inteligencia artificial, requieren que los tribunales de Common Law aborden cuestiones legales emergentes. La jurisprudencia en estas áreas está en constante evolución para abordar estos desafíos.

Diversidad cultural: La creciente diversidad cultural en muchas sociedades plantea desafíos para el Common Law en áreas como el derecho de familia, la inmigración y la discriminación. Los tribunales deben ser sensibles a las diferencias culturales y aplicar la ley de manera justa y equitativa.

Participación pública: Los cambios sociales y culturales pueden impulsar la participación pública en el proceso legal. Las personas y las organizaciones pueden presentar amicus curiae (amicus briefs) o intervenir en casos para influir en los resultados y promover cambios legales.

Educación legal y formación de abogados: La educación legal y la formación de abogados deben adaptarse para reflejar los cambios en la sociedad y la cultura. Los abogados deben estar preparados para abordar cuestiones legales emergentes y comprender las implicaciones sociales y culturales de sus casos.

En resumen, la adaptación del Common Law a los cambios sociales y culturales es un proceso dinámico y esencial para mantener la relevancia y la justicia en el sistema legal. A través de la jurisprudencia evolutiva, la legislación, la interpretación constitucional y la atención a la diversidad cultural, el Common Law puede abordar de manera efectiva las cambiantes normas sociales y culturales en una sociedad en constante evolución.

Capítulo 6:

Derecho de Contratos en el Common Law

6.1 Elementos esenciales de un contrato en el Common Law

En el Common Law, los contratos siguen ciertos principios y elementos esenciales que deben estar presentes para que el contrato sea válido y legalmente vinculante. Estos elementos esenciales son similares en muchas jurisdicciones de Common Law y se conocen como los "elementos de un contrato". A continuación, se describen los elementos esenciales de un contrato en el Common Law:

1. **Oferta y Aceptación (Offer and Acceptance):** Este es el primer paso en la formación de un contrato. Una oferta válida debe ser presentada por una de las partes y ser lo suficientemente específica como para que la otra parte pueda entender sus términos. La aceptación de la oferta debe ser completa y sin modificaciones importantes.

2. **Intención de Crear Vínculos Legales (Intention to Create Legal Relations):** Ambas partes deben tener la intención de que el contrato sea legalmente vinculante. Esto significa que el acuerdo no debe ser un acuerdo informal, un simple gesto de cortesía o un contrato social.

3. **Consideración (Consideration):** La consideración se refiere al valor que se intercambia entre las partes en el contrato. Debe haber una promesa de una parte a la otra y una contraprestación correspondiente. En otras palabras, cada parte debe recibir algo de valor en el contrato.

4. **Capacidad Legal (Legal Capacity):** Todas las partes que celebran un contrato deben tener la capacidad legal para hacerlo. Esto significa que deben ser adultos competentes y no estar bajo la influencia de drogas o alcohol o ser declarados legalmente incompetentes.

5. **Consentimiento (Consent):** El consentimiento debe ser libre y voluntario. Las partes deben entender los términos del contrato y aceptarlos sin coerción, fraude o engaño. Si una parte es engañada o forzada a firmar un contrato, el contrato podría ser anulable.

6. **Objeto Lícito (Lawful Object):** El objeto del contrato debe ser legal. Un contrato que tiene un objeto ilegal o inmoral no será válido ni legalmente vinculante.

7. **Posibilidad de Ejecución (Possibility of Performance):** El contrato debe ser posible de cumplir. No puede ser física o legalmente imposible. Por ejemplo, un contrato que requiera realizar una acción que va en contra de la ley no será válido.

8. **Acuerdo en Términos Específicos (Certainty of Terms):** Los términos del contrato deben ser claros y específicos. Las partes deben estar de acuerdo en

los elementos esenciales del contrato, como el precio, la fecha de entrega y las condiciones de pago.

9. **Escritura (Writing, cuando sea necesario):** En algunas jurisdicciones y para ciertos tipos de contratos, la ley puede requerir que el contrato se escriba y se firme para que sea válido. Esto se conoce como el requisito de escritura.

Es importante destacar que los elementos esenciales de un contrato pueden variar según la jurisdicción y el tipo de contrato. Además, existen excepciones y circunstancias especiales que pueden afectar la validez de un contrato en Common Law. Por lo tanto, es fundamental consultar a un abogado o asesor legal antes de celebrar cualquier contrato importante para asegurarse de que cumpla con todos los requisitos legales aplicables.

6.2 Formación y ejecución de contratos

La formación y ejecución de contratos en el Common Law involucran una serie de pasos y consideraciones legales. Aquí se describen los procesos típicos que se siguen en la formación y ejecución de un contrato en este sistema legal:

Formación de Contrato:

1. **Negociación:** El proceso comienza con las partes que negocian los términos y condiciones del contrato. Esto implica discutir lo que se espera de cada parte y las obligaciones que se están acordando.

2. **Oferta:** Una de las partes generalmente hace una oferta, que es una declaración de su intención de celebrar un contrato en términos específicos. La oferta debe ser lo suficientemente clara y precisa para que la otra parte pueda entender sus términos.

3. **Aceptación:** La otra parte debe aceptar la oferta sin hacer cambios significativos en los términos. La aceptación debe ser clara y sin ambigüedades. La formación del contrato se completa en este punto cuando la oferta es aceptada.

4. **Consideración:** Para que un contrato sea válido, debe haber una consideración, que es el valor que cada parte proporciona a la otra. Esto puede ser dinero, bienes, servicios o cualquier otro tipo de valor. La consideración es un elemento esencial en la formación del contrato.

5. **Intención de crear vínculos legales:** Las partes deben tener la intención de que el contrato sea legalmente vinculante. Un contrato es un acuerdo serio y no debe ser una promesa casual o un trato informal.

6. **Capacidad legal:** Todas las partes que celebran el contrato deben tener la capacidad legal para hacerlo. Esto significa que deben ser adultos competentes y no estar bajo la influencia de drogas o alcohol ni ser declarados legalmente incompetentes.

7. **Objeto lícito:** El objeto del contrato debe ser legal y no contrario a la ley o inmoral.

Ejecución de Contrato:

1. **Cumplimiento de las obligaciones:** Una vez formado, cada parte debe cumplir con las obligaciones establecidas en el contrato. Esto puede implicar realizar acciones específicas, proporcionar bienes o servicios, o pagar una suma acordada de dinero.

2. **Cumplimiento de plazos:** El contrato puede especificar plazos para el cumplimiento de las obligaciones. Cada parte debe cumplir con estos plazos de manera oportuna.

3. **Documentación:** En algunos casos, especialmente en contratos importantes o complejos, se puede requerir documentación escrita para respaldar la ejecución del contrato. Esto puede incluir la firma formal de un acuerdo escrito.

4. **Resolución de disputas:** Si surge una disputa relacionada con el contrato, las partes pueden recurrir a métodos de resolución de conflictos, como la mediación o el arbitraje, según lo establecido en el contrato. Si no se puede resolver de esta manera, el conflicto puede llevarse a los tribunales.

5. **Terminación:** Los contratos pueden terminarse de acuerdo con las disposiciones establecidas en el contrato mismo, como la finalización de un proyecto o el incumplimiento de una de las partes.

6. **Liquidación y liberación:** Una vez que se han cumplido todas las obligaciones contractuales, las partes pueden realizar un proceso de liquidación final y liberación mutua, confirmando que no tienen reclamaciones pendientes una contra la otra.

Es importante destacar que los contratos pueden ser muy variados en términos de complejidad y contenido, y los pasos específicos y las consideraciones legales pueden variar según el tipo de contrato y la jurisdicción. Para contratos importantes o complejos, se recomienda consultar a un abogado o asesor legal para garantizar que se cumplan todos los requisitos legales y se protejan los intereses de las partes involucradas.

6.3 Incumplimiento de contratos y remedios disponibles

El incumplimiento de un contrato en el Common Law puede ocurrir cuando una de las partes involucradas no cumple con las obligaciones establecidas en el contrato. En caso de incumplimiento, la parte perjudicada generalmente tiene acceso a una serie de remedios legales para proteger sus derechos y recuperar posibles pérdidas. Los remedios disponibles pueden variar según la jurisdicción y los términos específicos del contrato, pero aquí se describen algunos de los remedios comunes:

Acción por Daños y Perjuicios (Damages): Este es el remedio más común en casos de incumplimiento de contrato. La parte perjudicada puede presentar una demanda para recuperar daños y perjuicios, que son una compensación financiera por las pérdidas sufridas debido al incumplimiento. Los daños pueden ser compensatorios (para cubrir pérdidas reales), punitivos (para castigar al infractor) o liquidados (predeterminados en el contrato).

Cumplimiento Forzado (Specific Performance): En ciertos tipos de contratos, como los contratos de bienes raíces o contratos únicos, la parte perjudicada puede solicitar un remedio de cumplimiento forzado. Esto significa que el tribunal ordena a la parte infractora que cumpla con las obligaciones del contrato según lo especificado. Esto es común en casos en los que la compensación monetaria no es suficiente para remediar la situación.

Rescisión del Contrato (Rescission): La rescisión es un remedio que permite a las partes dar por terminado el contrato debido al incumplimiento. Esto puede implicar la devolución de las partes a la posición en la que se encontraban antes de celebrar el contrato y la liberación de obligaciones futuras.

Injunciones (Injunctions): Una injunción es una orden judicial que prohíbe o requiere que una de las partes realice ciertas acciones. En casos de incumplimiento, se puede solicitar una injunción para prevenir futuros incumplimientos o para detener una acción que viole los términos del contrato.

Intereses (Interest): En casos de incumplimiento de pago, la parte perjudicada puede tener derecho a reclamar intereses sobre la cantidad debida, a menudo a una tasa establecida en el contrato o determinada por la ley.

Daños Consecuentes (Consequential Damages): Además de los daños directos, la parte perjudicada puede tener derecho a daños consecuentes o indirectos que se derivan del incumplimiento y que estaban dentro de la contemplación de las partes al celebrar el contrato.

Daños Nominales (Nominal Damages): En casos en los que la parte perjudicada no haya sufrido daños reales o no pueda probarlos, un tribunal puede otorgar daños nominales como reconocimiento del incumplimiento, aunque la cantidad es mínima.

Restitución (Restitution): En ciertos casos, la parte perjudicada puede tener derecho a la restitución, que implica la devolución de cualquier beneficio que la parte infractora haya obtenido injustamente a expensas de la parte perjudicada.

Es importante tener en cuenta que los remedios disponibles pueden estar sujetos a limitaciones y restricciones específicas establecidas en el contrato o la ley. Además, la elección de un remedio específico puede depender de la naturaleza del contrato y la gravedad del incumplimiento.

6.4 Interpretación contractual en el Common Law

La interpretación contractual en el Common Law se basa en el principio fundamental de dar efecto a la intención de las partes que celebraron el contrato. A diferencia de algunos sistemas legales de Derecho Civil, en los que se presta más atención a la letra escrita del contrato, en el Common Law se enfatiza la importancia de determinar la intención real de las partes, incluso si esto implica mirar más allá del lenguaje literal del contrato. Aquí se explican los principios clave de la interpretación contractual en el Common Law:

Primacía de la Intención de las Partes: El principio fundamental es que los tribunales deben dar prioridad a la intención de las partes al interpretar un contrato. Esto significa que se busca comprender qué es lo que las partes querían lograr con el contrato, más allá de simplemente mirar el texto del documento.

Interpretación Objetiva: La interpretación se basa en una evaluación objetiva de las circunstancias y los hechos que rodearon la formación del contrato. Los tribunales se esfuerzan por determinar cómo un observador razonable habría interpretado los términos del contrato en función de la información disponible en el momento de la celebración del contrato.

Términos Claros y Ambiguos: Los términos claros en un contrato se interpretan según su significado común y corriente. Sin embargo, cuando un término es ambiguo o puede dar lugar a múltiples interpretaciones, los tribunales pueden considerar pruebas extrínsecas, como la negociación previa al contrato y las prácticas comerciales, para determinar la intención de las partes.

Negociación Previa al Contrato: La comunicación entre las partes durante la negociación previa al contrato puede ser relevante para la interpretación. Si las partes tuvieron discusiones específicas sobre ciertos términos o acuerdos, esto puede influir en la interpretación del contrato.

Prácticas Comerciales y Usos de la Industria: Los tribunales pueden tener en cuenta las prácticas comerciales y los usos de la industria para interpretar términos contractuales. Si una práctica o uso es común en una industria particular, puede influir en la interpretación de un contrato relacionado con esa industria.

Contexto General: La interpretación contractual se realiza considerando el contexto general del contrato y su propósito. Los tribunales buscan asegurarse de que la interpretación sea coherente con el propósito y la finalidad del contrato en su conjunto.

Parol Evidence Rule: En algunas jurisdicciones de Common Law, existe una regla conocida como "parol evidence rule" que limita la admisión de pruebas orales o escritas externas al contrato para modificar términos claros y completos. Sin embargo, esta regla puede tener excepciones, especialmente cuando se trata de probar fraude, error o ambigüedad.

Errores de Escritura: Los tribunales pueden corregir errores tipográficos o errores de escritura obvios en un contrato para reflejar la intención real de las partes.

En resumen, la interpretación contractual en el Common Law se centra en determinar la intención de las partes a través de una evaluación objetiva de las circunstancias y los hechos que rodearon la formación del contrato. Los tribunales se esfuerzan por lograr un equilibrio entre el respeto por el lenguaje del contrato y la búsqueda de la verdadera intención de las partes. La aplicación de estos principios puede variar según la jurisdicción y las circunstancias específicas de cada caso.

6.5 Casos famosos de disputas contractuales en el Common Law

Existen numerosos casos famosos de disputas contractuales en el Common Law que han influido en la jurisprudencia y han establecido importantes precedentes legales. A continuación, se mencionan algunos casos notables:

Carlill v. Carbolic Smoke Ball Company (1893): En este caso, la Carbolic Smoke Ball Company prometió pagar una recompensa a cualquier persona que enfermara de influenza después de usar su producto si seguía las instrucciones adecuadamente. Una cliente, Mrs. Carlill, enfermó de influenza y demandó el pago de la recompensa. El tribunal falló a favor de Mrs. Carlill, estableciendo el principio de que una oferta pública y clara puede constituir un contrato vinculante.

Balfour v. Balfour (1919): Este caso se centró en un acuerdo entre un esposo y su esposa durante su matrimonio. El tribunal sostuvo que los acuerdos informales entre cónyuges en el contexto del matrimonio generalmente no son contratos vinculantes porque carecen de la intención de crear obligaciones legales.

Donoghue v. Stevenson (1932): Este caso estableció la doctrina de la "ley de negligencia" en la responsabilidad civil por daños. Si bien no era una disputa contractual en sí, sentó las bases para la responsabilidad civil por negligencia, lo que tuvo un impacto significativo en los contratos que involucran deberes de cuidado.

Raffles v. Wichelhaus (1864): En este caso, dos partes celebraron un contrato para la venta de algodón que resultó en una disputa debido a una ambigüedad en cuanto al nombre del barco de entrega ("Peerless"). El tribunal determinó que el contrato era nulo debido a la falta de consenso sobre el objeto del contrato.

The Moorcock (1889): Este caso se centró en un contrato de alquiler de muelle y embarcadero en el que el muelle resultó ser peligroso debido a un banco de arena oculto. El tribunal falló a favor del arrendatario, sosteniendo que los contratos implícitos contienen una obligación de realizar el contrato de manera que sea razonablemente segura.

Wood v. Lucy, Lady Duff-Gordon (1917): En esta disputa contractual, una diseñadora de moda, Lady Duff-Gordon, otorgó a un agente el derecho exclusivo de vender sus diseños. El agente afirmó que tenía derechos exclusivos sobre todos los ingresos de la diseñadora. El tribunal decidió que el contrato implicaba una obligación implícita de hacer esfuerzos razonables para promover la venta, y que no podía beneficiarse de la falta de exclusividad.

Taylor v. Caldwell (1863): Este caso involucró la cancelación de un contrato de alquiler de una sala de conciertos debido a su destrucción por un incendio antes del evento programado. El tribunal sostuvo que el contrato se había vuelto imposible de cumplir debido a circunstancias imprevistas y, por lo tanto, no era vinculante.

Stilk v. Myrick (1809): En esta disputa contractual, la tripulación de un barco demandó el pago adicional prometido después de que dos miembros de la tripulación desertaran durante el viaje. El tribunal falló a favor del capitán, sosteniendo que no había una consideración válida para modificar el contrato original.

Estos casos ejemplifican la diversidad de cuestiones legales que pueden surgir en las disputas contractuales en el Common Law, así como la importancia de la interpretación contractual y la aplicación de principios legales fundamentales en la resolución de estas disputas.

Capítulo 7:

Responsabilidad Civil en el Common Law

7.1 Concepto de negligencia en el Common Law

La negligencia en el Common Law se refiere a la falta de cuidado o la omisión de actuar con la debida diligencia que una persona razonable ejercería en circunstancias similares. Es un concepto fundamental en la responsabilidad civil por daños y es una de las bases sobre las cuales se pueden presentar demandas civiles cuando alguien ha sufrido un perjuicio debido a la conducta negligente de otra persona.

A continuación, se desglosa el concepto de negligencia en el Common Law:

Deber de Cuidado: La base de una reclamación por negligencia es la existencia de un deber de cuidado por parte del acusado hacia el demandante. Esto significa que el acusado tenía la obligación de actuar con una cierta cantidad de cuidado y atención para evitar causar daño a otros. El deber de cuidado puede variar según las circunstancias y la relación entre las partes. En algunas situaciones, el deber de cuidado es establecido por la ley, mientras que en otras puede ser una obligación implícita.

Incumplimiento del Deber de Cuidado: La parte demandante debe demostrar que el acusado no cumplió con el deber de cuidado. Esto implica mostrar que el acusado actuó de manera negligente al no tomar precauciones razonables para evitar el daño. Se compara la conducta del acusado con lo que una persona razonable habría hecho en circunstancias similares.

Causa de la Lesión: La parte demandante debe demostrar que el incumplimiento del deber de cuidado por parte del acusado fue la causa directa o una causa sustancial de la lesión o el daño sufrido. Esto se conoce como el "nexo causal".

Daños y Perjuicios: Para que una reclamación por negligencia sea exitosa, el demandante debe sufrir daños reales y cuantificables como resultado de la negligencia del acusado. Estos daños pueden incluir lesiones personales, daños a la propiedad, pérdida de ingresos, costos médicos, dolor y sufrimiento, entre otros.

Estándar de la Persona Razonable: La evaluación de si un acusado actuó de manera negligente se basa en el estándar de la persona razonable. Se considera cómo una persona razonable, con un grado promedio de habilidades y conocimientos, habría actuado en situaciones similares. Si el acusado no cumplió con este estándar, se considera que actuó negligentemente.

Contribución Comparativa: En algunos estados de EE. UU., se utiliza el principio de "contribución comparativa" para determinar la responsabilidad en casos de negligencia. Según este principio, la parte demandante puede recuperar daños incluso si fue parcialmente responsable del accidente o lesión, pero la compensación se reduce en función de su grado de culpa.

La negligencia es un concepto fundamental en el derecho de responsabilidad civil en el Common Law, y las demandas por negligencia son comunes en una variedad de situaciones, como accidentes automovilísticos, accidentes laborales, casos de lesiones personales y más. Los tribunales consideran cuidadosamente los elementos de la negligencia al determinar la responsabilidad y la compensación en tales casos.

7.2 Elementos de una demanda por negligencia

Una demanda por negligencia en el Common Law requiere la presentación de ciertos elementos clave para que la parte demandante pueda establecer su reclamación de manera efectiva. Estos elementos son esenciales para demostrar que el acusado actuó de manera negligente y causó daño a la parte demandante. A continuación, se describen los elementos típicos de una demanda por negligencia:

Deber de Cuidado: El demandante debe demostrar que el acusado tenía un deber legal de cuidado hacia él o ella en una situación particular. Esto significa que el acusado tenía la obligación de actuar con un nivel razonable de cuidado y precaución para evitar causar daño a otros. El deber de cuidado puede variar según las circunstancias y la relación entre las partes.

Incumplimiento del Deber de Cuidado: El demandante debe establecer que el acusado no cumplió con el deber de cuidado que le correspondía. Esto implica demostrar que el acusado actuó de manera negligente al no tomar las precauciones adecuadas o al actuar de una manera que no se ajustaba a la norma de cuidado esperada en una situación similar.

Causa (Causalidad): El demandante debe demostrar un nexo causal directo entre la negligencia del acusado y los daños sufridos. En otras palabras, debe establecer que el incumplimiento del deber de cuidado del acusado fue la causa directa o una causa sustancial del daño. Esto a menudo implica mostrar que, sin la negligencia del acusado, los daños no habrían ocurrido.

Daños y Perjuicios: Para que una demanda por negligencia sea exitosa, el demandante debe demostrar que sufrió daños reales y cuantificables como resultado de la negligencia del acusado. Estos daños pueden incluir lesiones personales, daños a la propiedad, pérdida de ingresos, costos médicos, dolor y sufrimiento, entre otros. La naturaleza y la cuantía de los daños deben ser respaldadas con evidencia.

Estándar de la Persona Razonable: La evaluación de si el acusado actuó de manera negligente se basa en el estándar de la persona razonable. Se considera cómo una persona razonable, con un grado promedio de habilidades y conocimientos, habría actuado en situaciones similares. Si el acusado no cumplió con este estándar, se considera que actuó negligentemente.

Contribución Comparativa (en algunos estados): En algunos estados de EE. UU., se utiliza el principio de "contribución comparativa" para determinar la responsabilidad en casos de negligencia. Según este principio, la compensación del demandante se reduce en función de su grado de culpa, incluso si el demandante contribuyó al accidente o lesión.

Es importante destacar que la presentación de una demanda por negligencia requiere la recopilación de evidencia sólida para respaldar cada uno de estos elementos. La evidencia puede incluir testimonios, documentos, informes periciales y otros tipos de pruebas que demuestren que el acusado actuó negligentemente y que los daños fueron el resultado directo de esa negligencia.

7.3 Defensas comunes en casos de negligencia

En casos de negligencia en el Common Law, los demandados a menudo presentan varias defensas comunes para impugnar la responsabilidad civil. Estas defensas buscan refutar los elementos clave de una demanda por negligencia y, en última instancia, limitar o eliminar la responsabilidad del demandado. Aquí están algunas de las defensas más comunes en casos de negligencia:

Ausencia de Deber de Cuidado: El demandado puede argumentar que no tenía un deber legal de cuidado hacia el demandante en la situación particular. Esto puede ocurrir si no existía una relación especial entre las partes que imponía un deber de cuidado, o si el demandante estaba involucrado en una actividad riesgosa de la cual el demandado no tenía control.

Cumplimiento del Deber de Cuidado: El demandado puede afirmar que cumplió adecuadamente con su deber de cuidado y que no actuó de manera negligente. Esto implica presentar evidencia de que se tomaron todas las precauciones razonables para prevenir el daño.

Causa Independiente: El demandado puede argumentar que el daño fue causado por una causa independiente o un evento impredecible que no estaba relacionado con su conducta negligente. Si se puede demostrar que el daño fue el resultado de una causa ajena a la negligencia del demandado, esto puede eximirlo de responsabilidad.

Contribución del Demandante a la Negligencia (Contributory Negligence): En algunos estados de EE. UU., la defensa de la contribución comparativa puede utilizarse para reducir la responsabilidad del demandado en función de la culpa del demandante. Si se demuestra que el demandante contribuyó a su propia lesión debido a su propia negligencia, su recuperación de daños puede reducirse o incluso negarse.

Caso Fortuito (Act of God): En situaciones excepcionales, el demandado puede argumentar que el daño fue causado por un evento impredecible o un acto de la naturaleza que estaba fuera de su control. Esto se conoce como la defensa del "acto de Dios" y puede eximir al demandado de responsabilidad.

Exención de Responsabilidad o Cláusula de Limitación de Responsabilidad: Si el contrato entre las partes incluye una cláusula de exención de responsabilidad o una cláusula que limita la responsabilidad del demandado en caso de negligencia, el demandado puede invocar esta cláusula como defensa.

Ejercicio Razonable del Riesgo (Assumption of Risk): En ciertas situaciones, el demandado puede argumentar que el demandante conscientemente asumió el riesgo de la actividad que condujo a la lesión y, por lo tanto, no puede responsabilizarse al demandado por las consecuencias.

Prescripción (Statute of Limitations): Si la demanda se presenta después de que haya vencido el plazo de prescripción aplicable, el demandado puede argumentar que la demanda debe ser desestimada debido a la falta de presentación oportuna.

Es importante tener en cuenta que la efectividad de estas defensas puede variar según la jurisdicción y las circunstancias específicas del caso. Además, algunas jurisdicciones han adoptado sistemas de "comparative negligence" en lugar del antiguo sistema de "contributory negligence", lo que permite que el demandante recupere daños incluso si es parcialmente responsable. Por lo tanto, la estrategia de defensa y los resultados pueden variar significativamente según el lugar en que se presente la demanda.

7.4 Daños y perjuicios en casos de responsabilidad civil

Los daños y perjuicios (en inglés, "damages") en casos de responsabilidad civil, incluyendo aquellos relacionados con la negligencia en el Common Law, son una forma de compensación financiera que una parte demandada puede ser obligada a pagar a la parte demandante como resultado de una lesión o daño sufrido por esta última debido a la conducta ilícita del demandado. Los daños y perjuicios están diseñados para compensar a la parte perjudicada y restaurarla, en la medida de lo posible, a la posición en la que se encontraba antes del daño. Aquí se describen los tipos comunes de daños y perjuicios en casos de responsabilidad civil:

Daños Compensatorios (Compensatory Damages): Estos daños tienen como objetivo compensar a la parte demandante por las pérdidas reales y cuantificables que haya sufrido debido a la conducta ilícita del demandado. Los daños compensatorios se dividen en dos categorías:

Daños Daño Real (Actual Damages): Estos daños cubren las pérdidas económicas reales sufridas por la parte demandante, como gastos médicos, daños a la propiedad, pérdida de ingresos, costos de reparación, y otros gastos específicos relacionados con el daño.

Daños Dolor y Sufrimiento (Pain and Suffering): Estos daños están destinados a compensar a la parte demandante por el dolor físico y emocional, el sufrimiento y la angustia causados por el daño. La cantidad de estos daños es subjetiva y puede variar según el impacto del daño en la vida de la parte demandante.

Daños Punitivos (Punitive Damages): Estos daños se otorgan para castigar al demandado por su conducta intencional o extremadamente negligente. No tienen como objetivo compensar directamente a la parte demandante, sino disuadir al demandado y a otros de cometer conductas similares en el futuro. Los daños punitivos suelen ser una cantidad significativamente mayor que los daños compensatorios.

Daños Nominales (Nominal Damages): Cuando la parte demandante ha sufrido una lesión técnica o una violación de sus derechos legales, pero no ha incurrido en pérdidas económicas sustanciales, se pueden otorgar daños nominales. Estos son simbólicos y suelen ser una pequeña cantidad de dinero.

Daños Especiales (Special Damages): Estos daños son una forma específica de daños compensatorios que cubren pérdidas económicas específicas y cuantificables, como gastos médicos futuros, pérdida de ingresos futuros y costos de rehabilitación. Los daños especiales requieren pruebas concretas de las pérdidas sufridas.

Daños Generales (General Damages): Estos daños son una forma de daños compensatorios que cubren pérdidas no económicas, como dolor y sufrimiento, angustia mental, pérdida de calidad de vida y pérdida de capacidad para disfrutar de la vida. Los daños generales son más difíciles de cuantificar que los daños especiales y se basan en la discreción del tribunal o del jurado.

Daños Colaterales (Consequential Damages): También conocidos como daños indirectos, estos daños cubren las pérdidas que no son una consecuencia directa de la conducta ilícita, pero que se derivan de manera razonable de esa conducta. Por ejemplo, los daños colaterales pueden incluir pérdidas comerciales adicionales debido a una entrega tardía de mercancías.

Es importante destacar que la disponibilidad y el cálculo de los daños y perjuicios pueden variar según la jurisdicción y las circunstancias específicas del caso. Además, los daños y perjuicios son una parte fundamental de la compensación en casos de responsabilidad civil y pueden influir en el resultado de una demanda. La determinación de los daños y perjuicios generalmente se basa en la presentación de pruebas y argumentos por parte de las partes involucradas y la decisión del tribunal o el jurado.

7.5 La evolución de la responsabilidad civil en el Common Law

La evolución de la responsabilidad civil en el Common Law ha sido un proceso gradual que se ha desarrollado a lo largo de varios siglos. A lo largo del tiempo, se han establecido precedentes y se han desarrollado principios legales para abordar las reclamaciones de responsabilidad civil en una variedad de contextos. Aquí se presenta una visión general de la evolución de la responsabilidad civil en el Common Law:

Orígenes Medievales: El Common Law en Inglaterra tiene raíces medievales, y durante este período, la responsabilidad civil se centraba principalmente en cuestiones de propiedad y contratos. Los tribunales de esa época consideraban las acciones legales basadas en la propiedad de la tierra y el incumplimiento de contratos.

Desarrollo de Acciones Civiles: A medida que el Common Law se desarrollaba, se crearon nuevas acciones civiles o procedimientos legales para abordar diferentes tipos de reclamaciones de responsabilidad civil. Algunas de estas acciones incluían "trover" (recuperación de bienes personales), "trespass" (invasión de propiedad) y "assumpsit" (acciones contractuales).

Doctrina de la Responsabilidad por Culpa (Fault-Based Liability): A lo largo de los siglos, se desarrolló la doctrina de la responsabilidad por culpa en el Common Law. Esta doctrina establece que una parte es responsable de daños causados a otra parte si se puede demostrar que actuó de manera negligente o culposa. La negligencia se convirtió en un elemento fundamental en las reclamaciones de responsabilidad civil.

Expansión a Responsabilidad Sin Culpa (Strict Liability): A medida que la sociedad y la industria avanzaron, surgieron situaciones en las que era difícil determinar la negligencia o la culpa, especialmente en casos de daños causados por productos defectuosos o actividades riesgosas. En respuesta a esto, se desarrolló la responsabilidad sin culpa, que implica la imposición de responsabilidad independientemente de la negligencia si una parte estaba involucrada en una actividad especialmente peligrosa o estaba en control de un producto defectuoso.

Casos Precedentes: A lo largo de los siglos, los tribunales en el Common Law emitieron decisiones judiciales que establecieron precedentes importantes en casos de responsabilidad civil. Estos casos ayudaron a moldear la jurisprudencia y a definir los estándares legales aplicables en una variedad de áreas, como la responsabilidad de los propietarios de propiedades, la responsabilidad de los fabricantes de productos y la responsabilidad contractual.

Legislación: A medida que la sociedad moderna se volvió más compleja, se promulgaron leyes específicas para abordar cuestiones de responsabilidad civil en áreas como la responsabilidad del empleador por accidentes laborales, la responsabilidad del automovilista en accidentes de tráfico y la responsabilidad del fabricante por productos defectuosos. Estas leyes complementaron la jurisprudencia existente y brindaron una guía más específica para los tribunales y las partes involucradas.

Responsabilidad Civil en el Siglo XX y XXI: La responsabilidad civil en el Common Law continuó evolucionando en el siglo XX y XXI con la introducción de nuevas áreas legales, como la responsabilidad por daños ambientales, la responsabilidad médica y la responsabilidad cibernética. Los cambios en la sociedad y la tecnología han llevado a la expansión y adaptación de la responsabilidad civil en el Common Law.

En resumen, la responsabilidad civil en el Common Law ha evolucionado significativamente a lo largo de los siglos, desde sus raíces medievales hasta la adaptación a las demandas de una sociedad en constante cambio. Esta evolución ha sido impulsada por casos judiciales significativos, la legislación y la necesidad de abordar nuevas formas de responsabilidad en una sociedad en constante evolución. La jurisprudencia y las leyes siguen evolucionando para abordar cuestiones emergentes en la responsabilidad civil.

Capítulo 8:

Derecho de Propiedad en el Common Law

8.1 Derechos de propiedad y su protección en el Common Law

En el Common Law, los derechos de propiedad son fundamentales y están protegidos de manera sólida. La protección de la propiedad privada es una característica central de este sistema legal. Aquí se describen los derechos de propiedad y su protección en el Common Law:

Derechos de Propiedad: Los derechos de propiedad en el Common Law se refieren a la titularidad legal de bienes, tierras, bienes raíces, objetos personales y otros activos. Estos derechos de propiedad otorgan a los propietarios la capacidad de poseer, usar, vender, arrendar, donar o transferir sus bienes de acuerdo con las leyes aplicables.

Derechos de Propiedad Real (Real Property): La propiedad real se refiere a la propiedad de bienes raíces, como tierras y edificios. Los propietarios de bienes raíces tienen derechos exclusivos sobre su propiedad, que incluyen el derecho a vender, hipotecar, alquilar y desarrollar la tierra de acuerdo con las regulaciones locales y estatales.

Derechos de Propiedad Personal (Personal Property): La propiedad personal incluye objetos tangibles, como vehículos, muebles, ropa y otros activos móviles. Los propietarios de propiedad personal tienen derechos exclusivos sobre sus posesiones y pueden disponer de ellas según lo deseen, siempre que no violen la ley.

Protección Legal: Los derechos de propiedad en el Common Law están respaldados por un marco legal sólido que protege la propiedad contra la interferencia ilegal o la apropiación indebida por parte de otros. Los tribunales están dispuestos a hacer cumplir estos derechos y otorgar compensación a los propietarios en caso de que se viole su propiedad.

Acciones Legales: En el Common Law, los propietarios tienen la capacidad de presentar acciones legales para proteger sus derechos de propiedad. Algunas de las acciones legales comunes relacionadas con la propiedad incluyen:

Acción de Despojo (Ejectment): Una acción que busca recuperar la posesión de la propiedad que ha sido despojada ilegalmente.

Acción de Título (Quiet Title Action): Una acción que busca establecer o confirmar el título de propiedad sobre un bien raíz y eliminar disputas de título.

Acción de Reclamación de Daños (Action for Damages): Una acción que busca compensación monetaria por daños y perjuicios causados por la interferencia ilegal en los derechos de propiedad.

Registro de Propiedad: En muchas jurisdicciones del Common Law, la propiedad inmobiliaria se registra en registros públicos. El registro de propiedad proporciona un registro claro de la titularidad de la tierra y ayuda a evitar disputas sobre derechos de propiedad.

Limitaciones a los Derechos de Propiedad: Aunque los derechos de propiedad están protegidos, el Common Law reconoce que estos derechos pueden estar sujetos a limitaciones legales y regulaciones gubernamentales. Por ejemplo, las regulaciones de zonificación y las leyes de uso de la tierra pueden restringir la forma en que se utiliza la propiedad. Además, el gobierno puede ejercer el derecho de expropiación para fines públicos, aunque debe compensar adecuadamente a los propietarios.

Derechos de Propiedad Intelectual: Además de los derechos de propiedad física, el Common Law también protege los derechos de propiedad intelectual, como derechos de autor, marcas comerciales y patentes. Estos derechos protegen la propiedad intelectual y permiten a los creadores controlar y beneficiarse de su trabajo.

En resumen, en el Common Law, los derechos de propiedad son un componente fundamental de la ley y la sociedad. Estos derechos están respaldados por un sistema legal sólido que protege la propiedad privada de interferencias ilegales y proporciona vías legales para resolver disputas relacionadas con la propiedad. La protección de la propiedad es un pilar clave de los sistemas legales basados en el Common Law.

8.2 Limitaciones al derecho de propiedad

A pesar de que el derecho de propiedad es un derecho fundamental y protegido en el Common Law y en muchas jurisdicciones legales en todo el mundo, este derecho puede estar sujeto a ciertas limitaciones y restricciones impuestas por el gobierno y la sociedad. Estas limitaciones se establecen para equilibrar los intereses individuales con los intereses colectivos y el bienestar público. A continuación, se presentan algunas de las limitaciones comunes al derecho de propiedad:

Regulaciones de Zonificación: Las regulaciones de zonificación son leyes locales que dividen áreas geográficas en zonas específicas con usos de la tierra permitidos y restricciones. Estas regulaciones pueden limitar la forma en que se utiliza la propiedad, como permitir solo uso residencial, comercial o industrial en ciertas áreas. Las regulaciones de zonificación buscan garantizar el uso ordenado del suelo y la seguridad de la comunidad.

Restricciones de Uso de la Tierra: Además de las regulaciones de zonificación, pueden existir restricciones de uso de la tierra específicas para ciertas propiedades. Estas restricciones pueden incluir limitaciones sobre la altura de los edificios, la distancia a la carretera, la preservación de áreas verdes y más.

Leyes de Propiedad Histórica: Las propiedades históricas pueden estar sujetas a leyes de preservación histórica que limitan las modificaciones o renovaciones que los propietarios pueden realizar en las estructuras o en el terreno. Estas leyes buscan preservar la integridad de propiedades con valor histórico o arquitectónico.

Leyes Ambientales: Las leyes ambientales pueden imponer restricciones a la forma en que se utiliza la propiedad si esta tiene un impacto significativo en el medio ambiente. Por ejemplo, las propiedades cercanas a cuerpos de agua pueden estar sujetas a regulaciones de protección de humedales.

Expropiación Gubernamental: El gobierno tiene el poder de expropiar propiedad privada por razones de utilidad pública, como la construcción de carreteras, puentes o instalaciones públicas. Sin embargo, la expropiación debe ir acompañada de una compensación justa al propietario afectado.

Restricciones de Uso Común: En algunas comunidades, se pueden aplicar restricciones de uso común que afectan a los propietarios en un área específica. Por ejemplo, una comunidad residencial puede tener restricciones sobre el tipo de cercas permitidas o la crianza de animales.

Leyes de Propiedad Intelectual: En el caso de bienes intelectuales como derechos de autor, marcas comerciales y patentes, el propietario tiene derechos exclusivos, pero estos derechos también están sujetos a limitaciones legales, como el uso justo en el caso de derechos de autor.

Leyes de Inmigración y Aduanas: En algunas jurisdicciones, las leyes de inmigración y aduanas pueden limitar la propiedad y la posesión de ciertos bienes por parte de no ciudadanos o extranjeros.

Restricciones de Desarrollo Urbano: En áreas urbanas densamente pobladas, puede haber restricciones de desarrollo que limiten la subdivisión de propiedades y la densidad de construcción para preservar el carácter de la comunidad y evitar la congestión.

Leyes de Arrendamiento: Los propietarios que alquilan propiedades a inquilinos están sujetos a leyes de arrendamiento que regulan las relaciones entre propietarios e inquilinos y que establecen restricciones y obligaciones específicas.

Es importante destacar que estas limitaciones pueden variar según la jurisdicción y pueden estar sujetas a cambios a lo largo del tiempo. Además, se espera que las limitaciones sean razonables y proporcionadas a un objetivo legítimo. En caso de disputas sobre las limitaciones al derecho de propiedad, los tribunales pueden intervenir para determinar si las restricciones son válidas y justas.

8.3 La doctrina de las servidumbres y las easements

La doctrina de las servidumbres y las easements es un área importante en el derecho de propiedad en el Common Law. Estas son herramientas legales que permiten a una persona o entidad (el beneficiario) tener ciertos derechos específicos sobre la propiedad de otra persona (el propietario del terreno de servidumbre). A continuación, se explica en qué consisten las servidumbres y las easements, sus tipos y cómo funcionan:

1. Servidumbre:

Definición: Una servidumbre es un derecho legal que permite al beneficiario utilizar o ingresar a la propiedad de otro de una manera específica y limitada, sin poseer la propiedad. La propiedad que se beneficia se conoce como "predominante" o "dominante", mientras que la propiedad que está sujeta a la servidumbre se llama "sirviente".

Tipos de Servidumbres: Hay varios tipos de servidumbres, incluyendo:

- Servidumbre de paso: Permite al beneficiario pasar por la propiedad sirviente para acceder a su propia propiedad.
- Servidumbre de luces y vistas: Garantiza al beneficiario el derecho a que no se obstruyan las luces o vistas desde su propiedad.
- Servidumbre de paso de servicios públicos: Permite que una empresa de servicios públicos (como compañías eléctricas o de agua) instale y mantenga sus líneas o tuberías en la propiedad sirviente.
- Servidumbre de acceso: Facilita el acceso a una playa, lago u otra área de recreación a través de una propiedad privada.

Creación de Servidumbres: Las servidumbres pueden crearse por acuerdo entre las partes (servidumbre por escritura o contrato) o por prescripción (uso continuo y no autorizado de la propiedad sirviente durante un período específico).

2. Easement:

Definición: El término "easement" se utiliza a menudo de manera intercambiable con "servidumbre". Un easement es simplemente un derecho legal que permite al beneficiario usar o ingresar a la propiedad de otro de una manera específica y limitada, sin poseer la propiedad. Por lo tanto, en el contexto del Common Law, no hay una distinción sustancial entre una servidumbre y un easement.

Tipos de Easements: Los easements pueden abordar una variedad de situaciones, incluyendo easements de paso, easements de luces y vistas, easements de servicios públicos y otros tipos similares a las servidumbres mencionadas anteriormente.

Creación de Easements: Al igual que con las servidumbres, los easements pueden crearse por acuerdo de las partes o por prescripción. La creación de un easement generalmente requiere un documento escrito o evidencia de uso continuo y no autorizado durante un período específico.

Ambas servidumbres y easements son derechos legales que permiten a una persona o entidad tener acceso o utilizar la propiedad de otra de una manera específica y limitada. Estos derechos se crean y se aplican bajo la ley del Common Law y están diseñados para equilibrar los intereses de propiedad privada con las necesidades de acceso y uso de tierras.

8.4 Adquisición y transferencia de bienes raíces en el Common Law

La adquisición y transferencia de bienes raíces en el Common Law sigue un proceso legal específico que involucra varios pasos y documentos legales. Aquí se describe el proceso general de adquisición y transferencia de bienes raíces en el Common Law:

Adquisición de Bienes Raíces:

1. **Oferta de Compra:** El proceso comienza cuando un comprador interesado hace una oferta para adquirir una propiedad. Esta oferta generalmente se presenta mediante un contrato de compra y venta o una oferta formal por escrito.
2. **Aceptación de la Oferta:** El vendedor puede aceptar la oferta tal como está, rechazarla o hacer una contraoferta. Si ambas partes están de acuerdo con los términos de la oferta y la aceptación, se establece un contrato legalmente vinculante.
3. **Depósito en Fideicomiso:** En muchos casos, el comprador debe realizar un depósito en fideicomiso (earnest money deposit) como muestra de su intención de comprar la propiedad. Este depósito se mantiene en una cuenta fideicomiso hasta que se cierre la transacción.
4. **Investigación Debida (Due Diligence):** Antes del cierre de la transacción, el comprador realiza una investigación debida para evaluar la propiedad. Esto puede incluir inspecciones de la propiedad, revisión de registros de propiedad, verificación de títulos y búsqueda de gravámenes o reclamaciones sobre la propiedad.

5. **Financiamiento:** Si el comprador necesita financiamiento para la compra, se trabaja en la obtención de una hipoteca o préstamo hipotecario con un prestamista. El prestamista evalúa la solvencia crediticia del comprador y la propiedad como garantía.

6. **Cierre de la Transacción:** Una vez que se completan todas las condiciones del contrato, se programa una fecha de cierre. En el cierre, las partes se reúnen y firman los documentos necesarios para transferir la propiedad del vendedor al comprador. Esto incluye la escritura de la propiedad.

7. **Escritura de la Propiedad:** La escritura es el documento legal que transfiere la propiedad de un vendedor a un comprador. En el Common Law, la escritura debe ser firmada y notariada para ser válida. La escritura se registra en la oficina de registros públicos del condado o municipio para que quede registrada como prueba de propiedad.

Transferencia de Bienes Raíces:

1. **Venta Directa:** La forma más común de transferencia de bienes raíces es a través de una venta directa entre el vendedor y el comprador. Este proceso sigue los pasos descritos anteriormente.

2. **Herencia:** Cuando un propietario fallece y deja una propiedad, la propiedad puede transferirse a los herederos o legatarios designados en su testamento o según las leyes de sucesión intestada.

3. **Donación:** Un propietario puede optar por donar una propiedad a otra persona o entidad sin una contraprestación financiera. La donación de bienes raíces generalmente requiere la creación de una escritura de donación y la inscripción en registros públicos.

4. **Subasta:** En algunos casos, los bienes raíces pueden transferirse mediante subasta pública. El proceso de subasta implica la venta de la propiedad al postor que ofrezca la cantidad más alta.

5. **Transferencias Comerciales:** Las empresas y entidades comerciales también pueden adquirir y transferir bienes raíces para fines comerciales, como la adquisición de terrenos para proyectos de desarrollo.

Es importante señalar que la transferencia de bienes raíces en el Common Law implica una serie de documentos legales, investigaciones y registros para garantizar que la transacción sea válida y que se protejan los derechos de todas las partes involucradas. Además, las leyes y regulaciones relacionadas con la adquisición y transferencia de bienes raíces pueden variar según la jurisdicción y deben seguirse estrictamente para evitar problemas legales en el futuro.

8.5 Casos emblemáticos de disputas de propiedad en el Common Law

A lo largo de la historia del Common Law, ha habido varios casos emblemáticos de disputas de propiedad que han tenido un impacto significativo en el desarrollo de la jurisprudencia y han establecido precedentes importantes en el campo de la propiedad. A continuación, se presentan algunos de estos casos emblemáticos:

Pierson v. Post (1805): Este caso se centra en la caza de una zorra salvaje por dos cazadores. Pierson mató a la zorra y la reclamó como su propiedad, mientras que Post afirmó que había estado persiguiendo a la zorra y, por lo tanto, tenía derecho a ella. El tribunal determinó que la propiedad solo se establece cuando se ejerce un control efectivo sobre un animal y que la persecución sola no es suficiente para reclamar la propiedad. Este caso sentó las bases para la jurisprudencia sobre la posesión de la propiedad y el control efectivo.

Johnson v. M'Intosh (1823): Este caso trató sobre la cuestión de la propiedad de tierras entre dos personas que habían obtenido títulos de propiedad de diferentes partes del gobierno de los Estados Unidos. El tribunal sostuvo la doctrina de "descubrimiento" que otorgaba a los colonizadores europeos derechos de propiedad sobre las tierras ocupadas por nativos americanos. Esta decisión tuvo un impacto duradero en la ley de propiedad y los derechos de tierras indígenas en los Estados Unidos.

Pierson v. Mott (1828): En este caso, dos cazadores estaban persiguiendo una liebre y uno de ellos mató a la liebre, pero el otro afirmó que ya había sido perseguida y que tenía derecho a ella. El tribunal decidió que la propiedad se adquiere al ejercer un control físico sobre el animal y que la mera persecución no es suficiente. Esta decisión aclaró aún más los principios de propiedad y posesión en casos de caza.

Popov v. Hayashi (2002): Este caso moderno involucró una disputa sobre la propiedad de un balón de béisbol histórico de Barry Bonds que fue atrapado por un espectador en un juego de Grandes Ligas. El tribunal determinó que Popov, quien inicialmente agarró el balón, tenía una "posesión" del balón antes de que fuera arrebatado por otros espectadores, y otorgó la mitad de la propiedad a Hayashi. Esta decisión destacó la importancia de la posesión efectiva en casos de propiedad disputada.

Johnson v. Calvert (1993): Este caso trató sobre la disputa de maternidad en un acuerdo de maternidad subrogada. El tribunal tuvo que decidir si la madre biológica (quien dio a luz al bebé) o la madre gestante (quien acordó llevar al bebé durante el embarazo) tenía derechos legales sobre el niño. El tribunal falló a favor de la madre biológica, destacando la importancia de la intención y el acuerdo de las partes en cuestiones de propiedad y derechos parentales.

Estos casos emblemáticos ilustran la diversidad de disputas de propiedad que han surgido en el Common Law a lo largo de los años, desde casos de caza hasta cuestiones de derechos de tierras y derechos parentales. Cada uno de estos casos ha contribuido a la evolución de los principios legales relacionados con la propiedad y ha establecido precedentes importantes en el sistema legal.

Capítulo 9:

Derecho de Familia en el Common Law

9.1 Matrimonio y divorcio en el Common Law

El matrimonio y el divorcio en el Common Law están regulados por una serie de leyes y principios legales que varían según la jurisdicción específica, ya que el Common Law se aplica en una variedad de países y estados. Sin embargo, hay ciertos elementos generales que se aplican en muchas jurisdicciones que siguen el Common Law. Aquí se proporciona una visión general de cómo funciona el matrimonio y el divorcio en el Common Law:

Matrimonio en el Common Law:

Requisitos de Matrimonio: En el Common Law, el matrimonio generalmente requiere que dos personas adultas y legalmente capacitadas consientan en unirse en matrimonio. Los requisitos específicos pueden variar según la jurisdicción, pero suelen incluir la edad mínima para contraer matrimonio, la capacidad mental y la ausencia de impedimentos legales, como parentesco cercano o matrimonios anteriores no disueltos.

Ceremonia de Matrimonio: En muchas jurisdicciones, el Common Law no requiere una ceremonia religiosa o civil formal para contraer matrimonio. Las parejas pueden casarse mediante una ceremonia religiosa, un matrimonio civil o, en algunos casos, simplemente mediante una declaración de consentimiento ante testigos.

Licencia de Matrimonio: En la mayoría de las jurisdicciones del Common Law, las parejas deben obtener una licencia de matrimonio antes de casarse. Esta licencia es emitida por una autoridad gubernamental y generalmente tiene una vigencia limitada.

Testigos: La mayoría de las jurisdicciones del Common Law requieren que haya testigos presentes en la ceremonia de matrimonio o en la firma de la licencia de matrimonio para confirmar que el matrimonio se realizó legalmente.

Registro de Matrimonio: Después de la ceremonia de matrimonio o la firma de la licencia, se debe registrar el matrimonio en una oficina de registro civil o similar para que sea legalmente reconocido.

Divorcio en el Common Law:

Solicitud de Divorcio: Para iniciar un proceso de divorcio en el Common Law, una de las partes debe presentar una solicitud de divorcio ante un tribunal competente. La solicitud debe indicar las razones legales para el divorcio, que pueden incluir motivos como abandono, adulterio, crueldad o diferencias irreconciliables, según la jurisdicción.

Residencia y Jurisdicción: En algunas jurisdicciones, se pueden aplicar requisitos de residencia antes de presentar una solicitud de divorcio. Además, el tribunal debe tener jurisdicción sobre el caso de divorcio, lo que generalmente significa que al menos uno de los cónyuges reside en la jurisdicción donde se presenta la solicitud.

Proceso de Divorcio: El proceso de divorcio implica la presentación de documentos legales, la notificación al otro cónyuge y, en algunos casos, audiencias judiciales. Durante el proceso, se pueden abordar cuestiones como la división de propiedades, la custodia de los hijos, el mantenimiento conyugal y otros asuntos relacionados.

Resolución del Divorcio: Una vez que se resuelven todas las cuestiones pendientes, el tribunal emite un decreto de divorcio, que disuelve legalmente el matrimonio.

Efectos Legales del Divorcio: Después del divorcio, los cónyuges recuperan su capacidad legal para casarse nuevamente, y sus derechos y obligaciones legales entre sí cambian significativamente.

Es importante tener en cuenta que los detalles específicos del matrimonio y el divorcio en el Common Law pueden variar considerablemente según la jurisdicción. Por lo tanto, siempre es aconsejable consultar a un abogado local o un profesional legal para comprender los requisitos y procedimientos específicos en una jurisdicción particular.

9.2 Derechos y responsabilidades de los padres

Los derechos y responsabilidades de los padres, en el contexto del Common Law, están regulados por un conjunto de leyes y principios legales que varían según la jurisdicción específica. Sin embargo, hay ciertos derechos y responsabilidades generales que se aplican en muchas jurisdicciones que siguen el Common Law. Aquí se proporciona una visión general de los derechos y responsabilidades de los padres en este contexto:

Derechos de los Padres:

Derecho a la Custodia: Los padres tienen el derecho legal de tener la custodia de sus hijos. En situaciones de divorcio o separación, los tribunales pueden determinar la custodia física y legal, que puede ser conjunta (compartida entre ambos padres) o unilateral (con un padre como custodio principal).

Derecho a la Relación con los Hijos: Los padres tienen el derecho de mantener una relación continua con sus hijos, incluso si no tienen la custodia principal. Esto generalmente implica visitas regulares o períodos de tiempo con los hijos.

Derecho a la Educación y Crianza: Los padres tienen el derecho de tomar decisiones sobre la educación y crianza de sus hijos, incluyendo la elección de escuela, religión, atención médica y actividades extracurriculares.

Derecho a la Toma de Decisiones Legales: Los padres tienen el derecho de tomar decisiones legales en nombre de sus hijos menores de edad, como firmar contratos en su nombre o tomar decisiones médicas en situaciones de emergencia.

Derecho a la Privacidad: Los padres tienen el derecho de proteger la privacidad de sus hijos y tomar medidas para garantizar su seguridad y bienestar.

Responsabilidades de los Padres:

Obligación de Mantenimiento: Los padres tienen la responsabilidad legal de proporcionar apoyo financiero a sus hijos. Esto incluye alimentos, vivienda, ropa, atención médica y otras necesidades básicas.

Obligación de Crianza y Educación: Los padres tienen la responsabilidad de criar y educar a sus hijos en un ambiente seguro y saludable. Esto incluye proporcionar orientación y supervisión adecuadas.

Obligación de Seguridad y Protección: Los padres tienen la responsabilidad de proteger a sus hijos de daño físico y emocional. Esto implica tomar medidas para garantizar su seguridad y bienestar.

Cumplimiento de Órdenes Judiciales: En situaciones de divorcio o separación, los padres tienen la responsabilidad de cumplir con las órdenes judiciales relacionadas con la custodia, el apoyo a los hijos y las visitas.

Promoción de las Relaciones con Ambos Padres: Los padres tienen la responsabilidad de fomentar una relación positiva entre los hijos y el otro padre, a menos que existan circunstancias que lo impidan, como abuso o violencia doméstica.

Educación y Bienestar: Los padres deben tomar decisiones informadas y responsables sobre la educación y el bienestar de sus hijos, incluyendo la toma de decisiones médicas y educativas.

Es importante destacar que estos derechos y responsabilidades pueden variar según la situación y la jurisdicción. En casos de disputas o situaciones complejas, los tribunales pueden intervenir para tomar decisiones en el mejor interés de los hijos. Además, en situaciones de abuso o negligencia, los derechos de los padres pueden ser limitados o revocados por el tribunal en interés de la seguridad y el bienestar de los hijos.

9.3 Custodia de los hijos en casos de separación

La custodia de los hijos en casos de separación o divorcio en el Common Law es un tema crucial y suele ser objeto de atención tanto en los tribunales como en las discusiones entre los padres. Las decisiones relacionadas con la custodia se toman con el objetivo principal de proteger el mejor interés de los hijos. Aquí se describen los tipos de custodia y cómo se toman las decisiones en el contexto del Common Law:

Tipos de Custodia:

Custodia Conjunta: En muchos sistemas legales del Common Law, la custodia conjunta es una opción preferida cuando es posible. En la custodia conjunta, ambos padres comparten la responsabilidad de criar y tomar decisiones importantes sobre el bienestar de los hijos. Esto incluye decisiones relacionadas con la educación, atención médica y actividades extracurriculares. La custodia conjunta puede ser conjunta física (los hijos viven con ambos padres de manera equitativa) o conjunta legal (ambos padres comparten la toma de decisiones, pero los hijos pueden vivir principalmente con uno de los padres).

Custodia Exclusiva o Unilateral: En situaciones en las que la custodia conjunta no es adecuada o práctica, un tribunal puede otorgar la custodia exclusiva a uno de los padres. Esto significa que un padre tiene la responsabilidad principal de criar a los hijos y tomar decisiones importantes sobre su bienestar. El otro padre puede tener derechos de visita y tiempo de crianza con los hijos.

Cómo se Toman las Decisiones de Custodia:

Acuerdo entre los Padres: En muchos casos, los padres pueden llegar a un acuerdo mutuo sobre la custodia de sus hijos a través de la mediación u otros métodos de resolución de disputas. Si los padres están de acuerdo en un plan de custodia, pueden presentar ese acuerdo ante el tribunal para su aprobación.

Evaluación del Mejor Interés del Niño: Si los padres no pueden llegar a un acuerdo, el tribunal tomará la decisión sobre la custodia de los hijos basándose en el "mejor interés del niño". Los tribunales considerarán una serie de factores para determinar cuál es la mejor situación para los hijos, incluyendo la relación con cada padre, la estabilidad del entorno, la capacidad de cada padre para satisfacer las necesidades del niño y otros factores relevantes.

Asesoramiento Legal: En algunos casos, un juez puede designar a un abogado ad litem o a un asesor para representar los intereses de los hijos durante el proceso de custodia. Esta persona puede realizar una investigación y presentar recomendaciones al tribunal sobre la custodia.

Audiencia Judicial: Si los padres no pueden resolver la disputa de custodia fuera del tribunal y no llegan a un acuerdo, el tribunal programará una audiencia judicial para escuchar argumentos y pruebas de ambas partes antes de tomar una decisión.

Es importante tener en cuenta que las decisiones de custodia pueden variar según la jurisdicción y las circunstancias individuales de cada caso. El objetivo principal es siempre proteger el bienestar y el interés de los hijos. En situaciones de conflicto, se alienta a los padres a trabajar juntos en el mejor interés de sus hijos y, si es necesario, buscar asesoramiento legal y considerar opciones de mediación para resolver sus diferencias.

9.4 Sucesiones y herencias en el Common Law

Las sucesiones y herencias son aspectos fundamentales del sistema legal en las jurisdicciones que siguen el Common Law, un sistema legal que se basa en precedentes judiciales y costumbres establecidas a lo largo del tiempo. La transferencia de bienes y activos de una persona fallecida a sus herederos o beneficiarios designados es un proceso que involucra una serie de reglas y procedimientos legales. Este proceso es crucial no solo desde una perspectiva legal, sino también desde una perspectiva emocional y financiera, ya que tiene un impacto significativo en la vida de las personas involucradas. En este extenso análisis, exploraremos en detalle cómo funcionan las sucesiones y herencias en el Common Law, desde la creación de testamentos y la sucesión intestada hasta la administración de la herencia y la resolución de disputas.

I. Introducción al Common Law y las Sucesiones:

El Common Law es un sistema legal que se desarrolló en Inglaterra y se ha extendido a muchas partes del mundo, incluyendo gran parte de los Estados Unidos, Canadá, Australia y otros países de la Commonwealth. En este sistema, las decisiones judiciales y los precedentes establecidos en casos anteriores desempeñan un papel crucial en la toma de decisiones legales. Las sucesiones y herencias son áreas del derecho en las que el Common Law tiene un impacto significativo, ya que las reglas y principios relacionados con la transmisión de bienes de una persona fallecida a sus herederos se han desarrollado y evolucionado a lo largo del tiempo.

II. Creación de Testamentos:

Uno de los aspectos más importantes de la planificación de una sucesión en el Common Law es la creación de un testamento. Un testamento es un documento legal en el que una persona, conocida como el testador o la testadora, expresa sus deseos sobre cómo se deben distribuir sus bienes y activos después de su muerte. A continuación, se analizan los aspectos clave relacionados con la creación de testamentos en el Common Law:

A. Requisitos para un Testamento Válido:

Un testamento debe cumplir con ciertos requisitos legales para ser considerado válido en una jurisdicción del Common Law. Estos requisitos varían según la jurisdicción, pero suelen incluir:

Capacidad Mental: El testador debe tener la capacidad mental necesaria para comprender la naturaleza del testamento y la disposición de sus bienes. No debe estar bajo la influencia de ninguna sustancia que afecte su capacidad de tomar decisiones.

Edad Mínima: El testador generalmente debe ser mayor de edad para crear un testamento válido. Sin embargo, algunas jurisdicciones permiten que los menores de edad hagan testamentos bajo ciertas circunstancias y con la aprobación de un tribunal.

Voluntad Libre y Sin Coacción: El testamento debe ser el resultado de la libre voluntad del testador y no debe haber sido obtenido mediante coerción o presión indebida.

Firma y Testigos: El testamento debe estar firmado por el testador, y la firma generalmente debe ser realizada en presencia de testigos competentes. Los testigos suelen firmar el testamento como prueba de que el testador lo ha firmado voluntariamente.

B. Tipos de Testamentos:

Existen varios tipos de testamentos que pueden utilizarse en una jurisdicción del Common Law:

Testamento Testado: Este es el tipo más común de testamento y es aquel en el que el testador expresa sus deseos por escrito y lo firma. Puede ser redactado por el propio testador o por un abogado.

Testamento Holográfico: Algunas jurisdicciones permiten testamentos holográficos, que son escritos a mano por el testador sin la necesidad de testigos. Sin embargo, estos testamentos pueden ser más susceptibles a desafíos legales.

Testamento Oral o Nuncupativo: En algunas circunstancias limitadas, se pueden aceptar testamentos orales o nuncupativos en lugar de un testamento escrito. Estos testamentos suelen ser válidos en situaciones de emergencia, como en el lecho de muerte de una persona.

C. Designación de Beneficiarios y Legados:

En un testamento, el testador designa a los beneficiarios que recibirán sus bienes y activos después de su muerte. Estos beneficiarios pueden ser familiares, amigos, organizaciones benéficas u otras personas o entidades. Además, el testador puede hacer legados específicos, que son disposiciones que otorgan bienes o activos específicos a personas o entidades designadas.

III. Sucesión Intestada: Cuando No Hay Testamento:

Si una persona fallece sin un testamento válido, se considera que ha muerto "intestada". En este caso, las leyes de sucesión intestada de la jurisdicción determinarán cómo se distribuirán los bienes del difunto. Estas leyes suelen establecer un orden de prioridad para los herederos, como cónyuges, hijos, padres y otros familiares cercanos. A continuación, se abordan los aspectos clave de la sucesión intestada en el Common Law:

A. Orden de Prioridad de Herederos:

El orden de prioridad de los herederos en una sucesión intestada puede variar según la jurisdicción, pero generalmente sigue un patrón que considera a los cónyuges e hijos como los herederos más cercanos. A continuación, se presenta un ejemplo común de orden de prioridad:

Cónyuge Sobreviviente: En muchos casos, el cónyuge sobreviviente tiene derecho a una parte significativa de la herencia del difunto, incluso si hay hijos u otros herederos.

Hijos: Si no hay cónyuge sobreviviente o si este recibe una parte de la herencia, los hijos suelen ser los siguientes en la línea de herencia.

Padres: Si no hay cónyuge sobreviviente ni hijos, los padres del difunto pueden ser los herederos.

Hermanos y Otros Familiares: Si no hay cónyuge, hijos ni padres, otros familiares cercanos, como hermanos, pueden tener derecho a heredar.

B. Distribución de Bienes en la Sucesión Intestada:

La distribución de bienes en una sucesión intestada se rige por las leyes de sucesión intestada de la jurisdicción. Estas leyes establecen qué porcentaje de la herencia recibirá cada categoría de herederos, como cónyuges, hijos o padres. Las leyes de sucesión intestada están diseñadas para reflejar las presunciones sobre cómo una persona podría haber deseado distribuir sus bienes si hubiera hecho un testamento. Sin embargo, estas leyes pueden variar significativamente según la jurisdicción y pueden estar sujetas a cambios legislativos.

IV. Administración de la Herencia

La administración de una herencia en el Common Law es un proceso legal que involucra la recopilación, valoración y distribución de los bienes y activos del difunto. La persona encargada de administrar la herencia se llama "ejecutor testamentario" o "administrador de la herencia" en el caso de sucesiones intestadas. A continuación, se analizan los aspectos clave de la administración de la herencia:

A. Nombramiento del Ejecutor Testamentario o Administrador de la Herencia:

El testador puede designar a una persona como ejecutor testamentario en su testamento, y esta persona es responsable de administrar la herencia de acuerdo con las instrucciones del testador. Si no se designa un ejecutor testamentario o si el designado no puede o no desea cumplir con sus responsabilidades, el tribunal puede nombrar a un administrador de la herencia.

B. Obtención de la Autoridad Legal:

El ejecutor testamentario o el administrador de la herencia debe obtener la autoridad legal necesaria para administrar la herencia. Esto generalmente implica presentar una solicitud ante el tribunal y obtener un documento legal conocido como "carta testamentaria" o "carta de administración". Esta carta otorga al ejecutor o administrador la autoridad para actuar en nombre de la herencia.

C. Recopilación y Valoración de Bienes:

Uno de los primeros pasos en la administración de la herencia es recopilar y valorar todos los bienes y activos del difunto. Esto puede incluir propiedades, cuentas bancarias, inversiones, bienes raíces, automóviles, objetos de valor y otros activos. El ejecutor o administrador debe asegurarse de que todos los activos sean inventariados y evaluados adecuadamente.

D. Pago de Deudas y Gastos:

Antes de que los bienes puedan ser distribuidos a los herederos, el ejecutor o administrador debe pagar todas las deudas pendientes del difunto, así como los gastos y costos asociados con la administración de la herencia. Esto puede incluir impuestos sobre la herencia, honorarios legales y otros gastos.

E. Distribución de Bienes a los Herederos:

Una vez que se han pagado todas las deudas y gastos, los activos restantes se distribuyen a los herederos de acuerdo con las instrucciones del testamento o las leyes de sucesión intestada. El ejecutor o administrador debe asegurarse de que esta distribución se realice de manera justa y de acuerdo con la ley.

F. Registro y Reporte a las Autoridades:

El ejecutor o administrador de la herencia también puede tener la responsabilidad de registrar la herencia y reportarla a las autoridades fiscales correspondientes. Esto puede implicar la presentación de declaraciones de impuestos y otros documentos legales.

V. Desafíos y Controversias en las Sucesiones y Herencias:

Las sucesiones y herencias a menudo pueden dar lugar a desafíos y controversias, especialmente cuando hay disputas sobre la validez del testamento, la distribución de activos o la conducta del ejecutor o administrador. A continuación, se analizan algunas de las áreas donde pueden surgir desafíos legales en el proceso de sucesión:

A. Impugnación de Testamentos:

En algunos casos, los herederos o terceros pueden impugnar la validez de un testamento. Las bases para impugnar un testamento pueden incluir:

Falta de Capacidad Mental del Testador: Si se puede demostrar que el testador no tenía la capacidad mental necesaria al crear el testamento, este puede ser impugnado.

Coacción o Influencia Indebida: Si se puede probar que el testador fue presionado o influenciado indebidamente para cambiar su testamento, este puede ser impugnado.

Errores o Fraude: Si se descubren errores en la redacción del testamento o si se sospecha fraude en su creación, el testamento puede ser impugnado.

B. Disputas sobre la Interpretación del Testamento:

A veces, puede haber disputas sobre la interpretación de las disposiciones de un testamento. Estas disputas pueden surgir si las cláusulas son ambiguas o si hay desacuerdo sobre el significado de ciertos términos o condiciones.

C. Conducta del Ejecutor o Administrador:

Los herederos pueden impugnar la conducta del ejecutor o administrador si creen que está actuando de manera negligente o fraudulenta en la administración de la herencia. Los ejecutores y administradores tienen la responsabilidad fiduciaria de actuar en el mejor interés de los herederos y la herencia.

VI. Planificación de Sucesiones en el Common Law:

La planificación de sucesiones es un proceso en el que una persona anticipa y prepara la transmisión de sus bienes y activos después de su muerte. La planificación adecuada puede ayudar a garantizar que los deseos del individuo se cumplan y que la herencia se administre de manera eficiente. Algunas estrategias comunes de planificación de sucesiones en el Common Law incluyen:

A. Creación de un Testamento:

El paso más fundamental en la planificación de sucesiones es la creación de un testamento. Esto permite al individuo expresar sus deseos sobre la distribución de sus bienes y activos. Un abogado de sucesiones puede ayudar en la redacción de un testamento que cumpla con los requisitos legales y refleje las intenciones del testador.

B. Designación de un Ejecutor Testamentario:

En el testamento, el individuo puede designar a una persona de confianza como ejecutor testamentario. Esta elección es importante, ya que el ejecutor será responsable de administrar la herencia de acuerdo con las instrucciones del testamento.

C. Planificación Fiscal:

La planificación fiscal es una consideración importante en la planificación de sucesiones. Los individuos pueden utilizar estrategias legales para minimizar la carga fiscal que recae sobre sus herederos, como la creación de fideicomisos y la utilización de exenciones fiscales.

D. Creación de Fideicomisos:

Los fideicomisos son herramientas comunes en la planificación de sucesiones que permiten al individuo transferir activos y bienes a un fondo separado y designar un fiduciario para administrarlos en nombre de los beneficiarios. Los fideicomisos

78

pueden utilizarse para una variedad de propósitos, incluyendo la protección de activos y la distribución de bienes de manera controlada.

E. Planificación de Cuidados de Largo Plazo:

Para aquellos que puedan necesitar cuidados de largo plazo en el futuro, la planificación de sucesiones puede incluir la creación de estrategias para financiar estos cuidados, como la compra de seguros de atención a largo plazo o la creación de fideicomisos de cuidados de salud.

F. Actualización Regular:

Es importante que los individuos revisen y actualicen sus testamentos y documentos de planificación de sucesiones periódicamente para reflejar cambios en su situación personal o financiera, así como cambios en las leyes aplicables.

VII. Conclusiones
y Reflexiones Finales:

Las sucesiones y herencias en el Common Law son un aspecto esencial del sistema legal y tienen un impacto significativo en la vida de las personas y en la transmisión de la riqueza de una generación a la siguiente. La creación de testamentos, la sucesión intestada y la administración de la herencia son procesos legalmente complejos que requieren una comprensión profunda de las leyes y procedimientos aplicables. Además, la planificación de sucesiones adecuada puede ayudar a garantizar que los deseos de una persona se cumplan y que sus herederos estén protegidos.

Es fundamental reconocer que las leyes y prácticas relacionadas con las sucesiones y herencias pueden variar según la jurisdicción y están sujetas a cambios. Por lo tanto, es esencial que las personas busquen asesoramiento legal adecuado y consulten con abogados especializados en sucesiones y herencias para garantizar que sus asuntos se manejen de manera adecuada y conforme a la ley.

En última instancia, las sucesiones y herencias son una parte integral de la sociedad y la cultura legales en las jurisdicciones del Common Law, y su comprensión y gestión adecuadas son esenciales para garantizar una transición ordenada de la propiedad y la riqueza en el transcurso de las generaciones.

9.5 Cambios recientes en el derecho de familia del Common Law

El derecho de familia en el Common Law, al igual que otras áreas legales, está sujeto a cambios y evoluciones a lo largo del tiempo. Estos cambios pueden ser impulsados por una variedad de factores, como cambios en la sociedad, avances en la comprensión de cuestiones familiares, y decisiones judiciales que establecen nuevos precedentes. A continuación, algunos cambios y tendencias recientes que han afectado el derecho de familia en las jurisdicciones del Common Law.

1. Matrimonio y Uniones Civiles:

a) Reconocimiento de Uniones del Mismo Sexo: Uno de los cambios más significativos en el derecho de familia ha sido el reconocimiento legal del matrimonio entre personas del mismo sexo en muchas jurisdicciones del Common Law. Este cambio ha tenido un impacto profundo en cuestiones relacionadas con la adopción, el divorcio y la igualdad de derechos.

b) Uniones de Hecho: En algunas jurisdicciones, se ha ampliado el reconocimiento legal de las uniones de hecho o parejas no casadas. Esto ha llevado a cambios en la forma en que se tratan las cuestiones de propiedad compartida, manutención y custodia de los hijos para parejas no casadas.

2. Custodia y Crianza de los Hijos:

a) Enfoque en el Mejor Interés del Niño: El enfoque principal en casos de custodia y crianza de los hijos sigue siendo el "mejor interés del niño". Los tribunales han continuado centrándose en lo que es mejor para los hijos en términos de su bienestar emocional, físico y educativo.

b) Custodia Compartida: En algunos lugares, se ha promovido la custodia compartida como una opción preferida en casos de divorcio o separación. Esto refleja un cambio hacia un modelo más equitativo de crianza de los hijos en lugar de otorgar automáticamente la custodia principal a uno de los padres.

3. Violencia Doméstica y Protección de Víctimas:

a) Mayor Conciencia y Protección: Ha habido un aumento en la conciencia y la protección de las víctimas de violencia doméstica. Las leyes y los procedimientos legales se han fortalecido para garantizar la seguridad de las víctimas y responsabilizar a los agresores.

**b) Órdenes de Restricción: **Se han implementado órdenes de restricción más efectivas y amplias para proteger a las víctimas de la violencia doméstica y el acoso.

4. Adopción y Derechos de los Padres:

a) Cambios en los Derechos de los Padres Biológicos: Algunas jurisdicciones han ajustado los derechos de los padres biológicos en casos de adopción, especialmente cuando uno de los padres no ha mantenido una relación significativa con el hijo.

b) Mayor Facilitación de la Adopción: En algunos lugares, se han simplificado los procedimientos de adopción para facilitar el proceso de adopción de niños necesitados de un hogar estable.

5. Tecnología y Comunicación:

a) Medios Virtuales: La tecnología ha influido en la comunicación entre padres e hijos en casos de custodia y crianza de los hijos. Los tribunales han tenido que abordar cuestiones relacionadas con el uso de medios virtuales, como videollamadas, para mantener relaciones parentales en situaciones de larga distancia.

b) Protección de la Privacidad: También se han debatido cuestiones relacionadas con la privacidad en casos donde uno de los padres monitorea la comunicación electrónica del otro con el hijo.

6. Derechos de los Abuelos:

a) Reconocimiento de los Derechos de los Abuelos: En algunas jurisdicciones, se han reconocido y ampliado los derechos de los abuelos en lo que respecta al acceso y la custodia de sus nietos.

b) Consideración del Bienestar del Niño: Los tribunales consideran el bienestar del niño al tomar decisiones sobre la relación de los abuelos con los nietos.

Es importante destacar que los cambios en el derecho de familia pueden variar significativamente según la jurisdicción y la legislación local. Además, estos cambios pueden seguir evolucionando con el tiempo a medida que la sociedad y la comprensión de las dinámicas familiares continúen cambiando.

Capítulo 10:

Derecho Penal en el Common Law

10.1 Fundamentos del derecho penal en el Common Law

El Derecho Penal en el Common Law es una rama esencial del sistema legal que establece las normas y procedimientos para definir y castigar delitos. Las jurisdicciones que siguen el Common Law, como el Reino Unido, los Estados Unidos, Canadá y Australia, han desarrollado un sistema legal penal con fundamentos sólidos y principios clave que guían la aplicación de la ley y la justicia en casos criminales. En este extenso análisis, exploraremos en profundidad los fundamentos del Derecho Penal en el Common Law, incluyendo su historia, principios básicos, estructura de los delitos, castigos y procedimientos legales.

I. Introducción al Derecho Penal en el Common Law

El Derecho Penal es una rama del sistema legal que se ocupa de definir lo que constituye un delito, establecer las penas por delinquir y proporcionar los procedimientos para enjuiciar y castigar a los infractores. En el contexto del Common Law, el Derecho Penal se basa en principios fundamentales que han evolucionado a lo largo de siglos de desarrollo legal y judicial.

II. Historia del Derecho Penal en el Common Law

Para comprender los fundamentos del Derecho Penal en el Common Law, es esencial explorar su historia y evolución a lo largo del tiempo.

A. Orígenes Medievales

El Derecho Penal en el Common Law tiene sus raíces en la Inglaterra medieval. En esta época, se desarrollaron las primeras leyes penales escritas, como las Leyes del Rey Alfredo (Leyes Anglo-Sajonas) y las Leyes del Rey Eduardo el Confesor. Estas leyes establecieron delitos y sanciones para mantener el orden y la paz en la sociedad.

B. Normas y Costumbres

Gran parte del Derecho Penal medieval se basaba en normas y costumbres locales. Las comunidades tenían sistemas de justicia propios, y los delitos se castigaban de acuerdo con las prácticas locales. La Iglesia también tenía un papel importante en la regulación moral y legal.

82

C. La Carta Magna de 1215

Uno de los hitos más significativos en la historia del Derecho Penal en el Common Law fue la firma de la Carta Magna en 1215. Este documento histórico limitó el poder del rey y estableció que nadie podía ser privado de su libertad o propiedad excepto por el juicio de sus pares o la ley del país. La Carta Magna sentó las bases para el debido proceso legal y el principio de la legalidad, que prohíbe la detención arbitraria.

D. La Comisión de Oyer and Terminer

Durante los siglos XIV y XV, se creó la Comisión de Oyer and Terminer en Inglaterra. Esta comisión estaba encargada de investigar y enjuiciar casos criminales. Introdujo el sistema de jurados, donde los ciudadanos locales actuaban como jueces para decidir la culpabilidad o inocencia del acusado.

E. Desarrollo de la Common Law

A medida que Inglaterra avanzaba hacia el sistema legal de Common Law, se consolidaron muchos de los principios que hoy en día forman la base del Derecho Penal en estas jurisdicciones. Estos incluyen la necesidad de pruebas más allá de una duda razonable, el derecho a un juicio justo y el derecho a no autoincriminarse.

III. Principios Fundamentales
del Derecho Penal en el Common Law

El Derecho Penal en el Common Law se basa en una serie de principios fundamentales que son esenciales para garantizar la justicia y proteger los derechos de los acusados. A continuación, se describen algunos de los principios clave:

A. Presunción de Inocencia

Uno de los pilares del Derecho Penal en el Common Law es la presunción de inocencia. Esto significa que toda persona acusada de un delito se considera inocente hasta que se demuestre su culpabilidad más allá de una duda razonable en un tribunal de justicia.

B. Carga de la Prueba

En casos penales, la carga de la prueba recae en el Estado o la acusación. Esto significa que es responsabilidad de la fiscalía demostrar la culpabilidad del acusado más allá de una duda razonable. El acusado no tiene la obligación de demostrar su inocencia.

C. Debido Proceso Legal

El derecho al debido proceso legal garantiza que los acusados tengan un juicio justo y equitativo. Esto incluye el derecho a un abogado, el derecho a ser juzgado por un jurado imparcial y el derecho a permanecer en silencio para no autoincriminarse.

D. Prueba Más Allá de una Duda Razonable

La fiscalía debe presentar pruebas suficientes para demostrar la culpabilidad del acusado más allá de una duda razonable. Esto es un estándar de prueba elevado y significa que no basta con demostrar que el acusado "probablemente" sea culpable.

E. No Autoincriminación

El principio de no autoincriminación garantiza que un acusado no esté obligado a testificar en su contra en un juicio. Además, el Estado no puede obligar al acusado a confesarse culpable.

F. Doble Jeopardía

El principio de doble jeopardy prohíbe que una persona sea juzgada dos veces por el mismo delito después de haber sido absuelta o condenada. Este principio protege contra la persecución repetida por el mismo cargo.

G. Proporcionalidad de las Penas

Las penas en el Derecho Penal en el Common Law deben ser proporcionales al delito cometido. Esto significa que las sanciones no deben ser excesivas ni crueles, y deben tener en cuenta la gravedad del delito y las circunstancias del acusado.

H. Legalidad y Tipicidad

El principio de legalidad establece que una persona no puede ser condenada por una acción que no esté prohibida por la ley. Además, la ley debe ser lo suficientemente clara y precisa para que los individuos puedan entender qué comportamiento está prohibido.

IV. Estructura de los Delitos en el Common Law

El Derecho Penal en el Common Law clasifica los delitos en varias categorías según su gravedad y naturaleza. Las categorías más comunes de delitos incluyen:

A. Delitos Graves (Felonies)

Los delitos graves son los más graves y conllevan penas más severas. Ejemplos de delitos graves incluyen asesinato, robo a mano armada y tráfico de drogas.

B. Delitos Menores (Misdemeanors)

Los delitos menores son menos graves y generalmente conllevan penas menos severas que los delitos graves. Ejemplos de delitos menores incluyen el hurto menor y la posesión de marihuana en pequeñas cantidades.

C. Delitos de Faltas (Infractions)

Los delitos de faltas son delitos menores que generalmente no conllevan pena de cárcel. Estos delitos suelen castigarse con multas u otras sanciones no privativas de libertad. Ejemplos de delitos de faltas incluyen infracciones de tráfico y multas por estacionar en lugares prohibidos.

V. Castigos en el Derecho Penal en el Common Law

Los castigos en el Derecho Penal en el Common Law varían según la gravedad del delito y la jurisdicción, pero generalmente incluyen una serie de opciones, como:

A. Prisión

La prisión es una pena común para delitos graves y algunos delitos menores. La duración de la prisión puede variar ampliamente, desde unos pocos meses hasta cadena perpetua o incluso la pena de muerte en algunos estados de los Estados Unidos.

B. Multas

Las multas son sanciones financieras que un acusado debe pagar como castigo por su delito. El monto de la multa puede variar según la gravedad del delito y la capacidad del acusado para pagar.

C. Libertad Condicional

La libertad condicional permite a un condenado cumplir parte de su pena en libertad bajo ciertas condiciones. Estas condiciones pueden incluir supervisión, pruebas de drogas y restricciones de viaje.

D. Libertad Bajo Palabra

La libertad bajo palabra es una forma de liberación temprana de la prisión en la que el condenado debe cumplir ciertas condiciones y mantener un buen comportamiento para evitar regresar a la prisión.

E. Trabajos Comunitarios

Algunas jurisdicciones permiten que los condenados realicen trabajos comunitarios como parte de su castigo. Esto puede incluir tareas como limpiar parques o reparar edificios públicos.

F. Programas de Rehabilitación

En lugar de la prisión, algunos condenados pueden ser remitidos a programas de rehabilitación, como tratamiento por abuso de sustancias o terapia de manejo de la ira.

G. Pena de Muerte

La pena de muerte es la pena más extrema en el Derecho Penal en el Common Law y solo se aplica en ciertas jurisdicciones y para delitos particularmente graves, como el asesinato en primer grado.

VI. Procedimientos Legales en el Derecho Penal en el Common Law

Los procedimientos legales en el Derecho Penal en el Common Law están diseñados para garantizar que se respeten los derechos de los acusados y que se sigan los principios fundamentales de justicia. Estos procedimientos incluyen:

A. Arresto y Acusación

Un arresto generalmente se produce cuando un oficial de policía tiene motivo razonable para creer que una persona ha cometido un delito. Después del arresto, el acusado puede ser acusado formalmente de un delito.

B. Lectura de Derechos Miranda

El acusado tiene derecho a ser informado de sus derechos Miranda, que incluyen el derecho a permanecer en silencio y el derecho a un abogado. Esto se hace para proteger el derecho del acusado a no autoincriminarse.

C. Comparecencia Inicial

Después del arresto, el acusado debe comparecer ante un tribunal para una audiencia inicial donde se le informan los cargos en su contra y se determina si se le otorga la libertad bajo fianza.

D. Juicio

El juicio es el proceso en el que se determina la culpabilidad o inocencia del acusado. Se lleva a cabo ante un jurado o un juez y sigue un conjunto de procedimientos legales.

E. Apelación

Después de un veredicto de culpabilidad, el acusado generalmente tiene el derecho de apelar la decisión ante un tribunal superior. Esto permite una revisión de la legalidad del juicio.

F. Cumplimiento de la Pena

Una vez que se pronuncia una sentencia, el acusado debe cumplir la pena impuesta, ya sea en prisión, en libertad condicional u otro tipo de castigo.

VII. Desarrollos Recientes y Desafíos en el Derecho Penal en el Common Law

El Derecho Penal en el Common Law sigue evolucionando para adaptarse a los cambios en la sociedad y la tecnología. Algunos desarrollos recientes y desafíos incluyen:

A. Tecnología y Privacidad

El aumento de la tecnología ha planteado cuestiones relacionadas con la privacidad y la recopilación de pruebas electrónicas en casos penales. Los tribunales deben equilibrar la necesidad de la aplicación de la ley con la protección de los derechos individuales.

B. Reforma de la Justicia Penal

En respuesta a preocupaciones sobre el encarcelamiento masivo y la justicia penal injusta, algunas jurisdicciones han implementado reformas destinadas a reducir las penas y promover alternativas a la prisión, como programas de rehabilitación.

C. Delitos Cibernéticos

El aumento de los delitos cibernéticos ha llevado a la creación de leyes penales específicas para abordar estas amenazas. Los tribunales también deben lidiar con cuestiones complejas de jurisdicción y pruebas en casos de delitos cibernéticos.

D. Justicia Restaurativa

Algunas jurisdicciones han adoptado enfoques de justicia restaurativa que se centran en la reparación del daño causado por el delito y la reintegración del infractor en la sociedad.

VIII. Conclusión

El Derecho Penal en el Common Law es una parte fundamental del sistema legal que busca proteger a la sociedad y garantizar la justicia para los acusados. A lo largo de su historia, ha evolucionado para reflejar los valores cambiantes y las demandas de la sociedad. Los principios fundamentales, como la presunción de inocencia y el debido proceso legal, siguen siendo piedras angulares de este sistema. Sin embargo, los desafíos modernos, como la tecnología y la reforma de la justicia penal, continúan dando forma al Derecho Penal en el Common Law. La justicia penal es un tema complejo y en constante evolución, y su comprensión es esencial para cualquier sociedad que busque un sistema legal equitativo y efectivo.

10.2 Elementos de un delito y sus categorías

Los elementos de un delito en el Common Law son los componentes esenciales que la fiscalía debe probar para establecer la culpabilidad de un acusado más allá de una duda razonable. Estos elementos varían según el tipo de delito, pero en general, se pueden dividir en dos categorías principales: elementos actuales y elementos mentales.

I. Elementos Actuales

Los elementos actuales se refieren a los aspectos objetivos y físicos de un delito. Estos elementos describen lo que hizo el acusado y las circunstancias en las que ocurrió el delito. Las categorías de elementos actuales incluyen:

A. Acto

El acto, también conocido como "actus reus", se refiere a la conducta o acción específica realizada por el acusado que constituye el delito. Por ejemplo, en el caso de un homicidio, el acto podría ser el acto de matar a otra persona.

B. Causa

La causa se refiere al vínculo causal entre la acción del acusado y el resultado del delito. Es necesario demostrar que la acción del acusado fue la causa directa o indirecta del resultado. Por ejemplo, en un caso de homicidio, se debe demostrar que la acción del acusado causó la muerte de la víctima.

C. Circunstancias

Las circunstancias son detalles específicos que rodean el delito y que pueden agravar o atenuar la gravedad del delito. Por ejemplo, en un caso de robo, las circunstancias pueden incluir el uso de un arma o la invasión de una vivienda.

D. Omisión

En algunos casos, la omisión o la falta de acción puede constituir un elemento del delito. Esto significa que el acusado tenía la obligación legal de actuar de cierta manera y no lo hizo. Por ejemplo, en un caso de negligencia criminal, la omisión de un deber de cuidado puede ser un elemento del delito.

II. Elementos Mentales (Mens Rea)

Los elementos mentales, también conocidos como "mens rea", se refieren a los estados mentales o intenciones del acusado en relación con el delito. Estos elementos describen lo que el acusado estaba pensando o sintiendo al cometer la acción delictiva. Las categorías de elementos mentales incluyen:

A. Intención

La intención se refiere a la voluntad deliberada y consciente del acusado de cometer el delito. Algunos delitos requieren un alto grado de intención, mientras que otros pueden requerir solo una intención negligente o incluso la falta de intención.

B. Conocimiento

El conocimiento se refiere al conocimiento consciente del acusado de que su conducta es ilegal o que ciertas circunstancias existen. Por ejemplo, en un caso de posesión de drogas, se debe demostrar que el acusado sabía que tenía drogas en su posesión.

C. Negligencia

La negligencia se refiere a la falta de precaución o cuidado razonable por parte del acusado. Algunos delitos pueden basarse en la negligencia del acusado, lo que significa que el acusado no actuó con el cuidado necesario y causó un resultado dañino.

D. Recklessness (Temeridad)

La temeridad se refiere a la conducta consciente y temeraria del acusado, que muestra indiferencia por el riesgo o las consecuencias de sus acciones. Este estado mental puede ser un elemento en algunos delitos.

III. Categorías de Delitos en el Common Law

Los delitos en el Common Law se clasifican en varias categorías según su gravedad y naturaleza. Las categorías más comunes de delitos incluyen:

A. Delitos Contra la Persona

Estos delitos involucran daño o amenaza de daño a una persona física y pueden incluir homicidio, agresión, homicidio involuntario, secuestro y abuso sexual.

B. Delitos Contra la Propiedad

Estos delitos involucran la interferencia ilegal con la propiedad de otra persona y pueden incluir robo, robo, vandalismo, allanamiento de morada y fraude.

C. Delitos Contra la Moral y la Decencia Pública

Estos delitos involucran conducta inmoral o indecente y pueden incluir prostitución, obscenidad y exposición indecente.

D. Delitos Contra la Seguridad Pública y el Orden Público

Estos delitos involucran amenazas a la seguridad pública y pueden incluir terrorismo, disturbios públicos, posesión ilegal de armas y resistencia a la autoridad.

E. Delitos Económicos y Financieros

Estos delitos involucran engaño o fraude en asuntos financieros y comerciales, y pueden incluir estafas, fraude de valores y evasión fiscal.

F. Delitos de Drogas y Sustancias Controladas

Estos delitos involucran la fabricación, distribución o posesión ilegal de drogas y sustancias controladas.

G. Delitos Cibernéticos

Estos delitos involucran el uso de tecnología y la informática para cometer actos ilícitos, como el hacking, el fraude en línea y el robo de identidad.

H. Delitos Ambientales

Estos delitos involucran la contaminación y la degradación del medio ambiente, y pueden incluir la dumping ilegal de desechos tóxicos y la caza furtiva.

I. Delitos de Tráfico y Conducción en Ebriedad

Estos delitos involucran la conducción bajo la influencia del alcohol o las drogas, así como infracciones de tráfico graves.

J. Delitos de Inmigración

Estos delitos involucran violaciones de las leyes de inmigración y pueden incluir entrada ilegal o reingreso ilegal al país.

K. Delitos de Terrorismo

Estos delitos involucran actos de violencia destinados a causar terror en la población y pueden incluir ataques terroristas y financiamiento del terrorismo.

Cada categoría de delito puede tener elementos actuales y mentales específicos que deben probarse en un tribunal para establecer la culpabilidad del acusado. Estos elementos son fundamentales para garantizar que la justicia se aplique de manera equitativa y que los derechos de los acusados sean protegidos en el sistema legal del Common Law.

10.3 Proceso penal y juicio por jurado

En este extenso análisis, exploraremos en detalle el proceso penal en el Common Law, desde la investigación inicial hasta la apelación, y examinaremos en profundidad el papel del juicio por jurado en el sistema legal. También consideraremos la evolución histórica de estos elementos y cómo se han adaptado a lo largo del tiempo para reflejar los valores cambiantes de la sociedad y las demandas de la justicia.

I. Introducción al Common Law

El Common Law, también conocido como Derecho consuetudinario o Derecho judicial, se desarrolló en Inglaterra durante la Edad Media y se basa en las decisiones judiciales y la jurisprudencia acumulada a lo largo del tiempo. A diferencia del Derecho Civil, que se basa en códigos escritos y leyes estatutarias, el Common Law se basa en la autoridad de los tribunales y en la aplicación de principios legales establecidos en casos judiciales previos.

Uno de los aspectos más distintivos del Common Law es el papel del jurado en la administración de justicia. El jurado, compuesto por ciudadanos comunes, desempeña un papel fundamental en la determinación de la culpabilidad o inocencia de un acusado en un juicio penal. A lo largo de la historia, el sistema de Common Law ha evolucionado para garantizar la imparcialidad, la equidad y la protección de los derechos de los acusados en el proceso penal.

II. El Proceso Penal en el Common Law

El proceso penal en el Common Law es un sistema estructurado que consta de varias etapas, desde la investigación inicial hasta la apelación de una condena. Cada etapa tiene sus propios procedimientos y reglas legales, y está diseñada para garantizar que se administre justicia de manera imparcial y equitativa. A continuación, se describen las etapas clave del proceso penal en el Common Law:

A. Investigación

El proceso penal comienza con la investigación de un delito por parte de las autoridades encargadas de hacer cumplir la ley, como la policía. Durante esta etapa, se recopilan pruebas, se entrevista a testigos y se reúnen pruebas forenses para determinar si existe suficiente evidencia para presentar cargos contra un individuo. La investigación debe realizarse de manera cuidadosa y objetiva para garantizar la integridad del caso.

B. Presentación de Cargos

Si la investigación produce pruebas suficientes, el fiscal, que es un abogado del gobierno encargado de llevar a cabo el caso en nombre del Estado, presenta cargos formales contra el acusado. Los cargos se establecen en una acusación o una queja, y se notifican al acusado en una audiencia inicial o una comparecencia ante el tribunal. Durante esta etapa, se le informa al acusado de los cargos en su contra y se le asignan derechos legales, como el derecho a un abogado y el derecho a permanecer en silencio.

C. Audiencia Inicial

La audiencia inicial, también conocida como audiencia de presentación de cargos, es una audiencia ante un tribunal en la que se notifican los cargos al acusado y se establecen los términos de su liberación o detención. Durante esta audiencia, el acusado tiene la oportunidad de declararse culpable o inocente. Si el acusado no puede pagar una fianza, puede ser detenido en espera de juicio.

D. Juicio

El juicio es el proceso en el que se determina la culpabilidad o inocencia del acusado. Puede ser un juicio por jurado o un juicio ante un juez, dependiendo de la jurisdicción y la gravedad del delito. Durante el juicio, ambas partes, la fiscalía y la defensa, presentan pruebas y argumentos ante el tribunal. El jurado o el juez escuchan la evidencia y toman una decisión basada en la ley y los hechos presentados en el juicio.

E. Veredicto

Después de escuchar todas las pruebas y argumentos, el jurado (en un juicio por jurado) o el juez (en un juicio sin jurado) emite un veredicto de culpabilidad o inocencia. En un juicio por jurado, los miembros del jurado deliberan en privado para llegar a un veredicto unánime o, en algunos casos, un veredicto por mayoría. Si el acusado es declarado culpable, se procede a la fase de sentencia.

F. Sentencia

La fase de sentencia es donde el tribunal determina la pena que debe imponerse al acusado en caso de ser condenado. La pena puede incluir prisión, multas, libertad condicional u otras sanciones, dependiendo de la gravedad del delito y las circunstancias del caso. La sentencia se basa en factores como la naturaleza del delito, los antecedentes del acusado y las directrices legales aplicables.

G. Apelación

Si el acusado es condenado y cree que se cometieron errores legales en el juicio, tiene el derecho de apelar la decisión ante un tribunal superior. Durante la apelación, se revisan los procedimientos legales y las cuestiones de derecho que pudieron haber afectado el resultado del juicio. La apelación es una parte crucial del proceso penal que garantiza que los acusados tengan la oportunidad de impugnar una condena injusta.

H. Ejecución de la Pena

Si el acusado es condenado y no tiene éxito en su apelación, debe cumplir la pena impuesta por el tribunal. Esto puede implicar tiempo en prisión, pago de multas, cumplimiento de condiciones de libertad condicional u otras sanciones específicas.

III. El Juicio por Jurado en el Common Law

El juicio por jurado es uno de los aspectos más distintivos y fundamentales del sistema legal del Common Law. El jurado, compuesto por ciudadanos comunes seleccionados al azar, desempeña un papel crucial en la administración de justicia. Aquí están los aspectos más destacados del juicio por jurado:

A. Composición del Jurado

El jurado está compuesto por un grupo de ciudadanos seleccionados al azar de la comunidad local. El número de jurados puede variar según la jurisdicción, pero suele constar de 12 miembros en los Estados Unidos. El objetivo es garantizar una representación diversa de la comunidad y evitar cualquier sesgo o prejuicio.

B. Deberes del Jurado

Los miembros del jurado tienen la responsabilidad de escuchar las pruebas presentadas durante el juicio, evaluar la credibilidad de los testigos y determinar la culpabilidad o inocencia del acusado. Los jurados deben tomar su decisión basándose en la evidencia presentada en el juicio y las instrucciones legales proporcionadas por el tribunal. Su tarea es fundamental para garantizar un juicio justo y equitativo.

C. Principio de Imparcialidad

Los miembros del jurado deben ser imparciales y no tener prejuicios hacia el acusado. Antes del juicio, se lleva a cabo un proceso de selección de jurados llamado "voir dire" para garantizar que los jurados sean imparciales. Durante este proceso, los abogados de ambas partes hacen preguntas a los posibles jurados para determinar si tienen prejuicios o conexiones que puedan influir en su capacidad para tomar decisiones imparciales.

D. Veredicto Unánime

En muchos casos, se requiere un veredicto unánime del jurado para condenar al acusado. Esto significa que todos los miembros del jurado deben estar de acuerdo en la culpabilidad del acusado más allá de una duda razonable. La unanimidad es un principio importante para garantizar que la decisión del jurado sea sólida y justa.

E. Protección contra Doble Jeopardía

El veredicto de un jurado es definitivo, y el acusado no puede ser juzgado nuevamente por el mismo delito después de ser absuelto (protección contra doble jeopardy). Esta protección legal garantiza que una persona no sea sometida a juicio repetidamente por el mismo cargo después de ser absuelta.

F. Papel del Juez

El juez preside el juicio y actúa como árbitro legal. El juez emite instrucciones al jurado sobre la ley aplicable y garantiza que se sigan los procedimientos legales adecuados durante el juicio. Si surgen cuestiones legales o disputas durante el juicio, el juez tiene la autoridad para tomar decisiones sobre cómo abordarlas.

G. Importancia del Jurado en el Sistema de Common Law

El juicio por jurado es una parte fundamental del sistema de Common Law, ya que garantiza que la justicia sea administrada por sus pares y no solo por el poder judicial. Los jurados representan la voz de la comunidad en la toma de decisiones judiciales y desempeñan un papel esencial en la protección de los derechos de los acusados. Su función es vital para mantener la integridad del sistema legal y garantizar que las decisiones judiciales reflejen los valores y la moral de la sociedad.

IV. Evolución Histórica del Proceso Penal
y el Juicio por Jurado en el Common Law

La evolución del proceso penal y el juicio por jurado en el Common Law ha sido un proceso gradual que ha respondido a los cambios en la sociedad, la política y la cultura a lo largo de los siglos. A continuación, se exploran algunas de las etapas clave en esta evolución histórica:

A. Orígenes Medievales

El Common Law y el sistema de jurado tienen raíces que se remontan a la Inglaterra medieval. En sus inicios, el jurado tenía un papel más amplio que el de los jurados modernos. En lugar de servir como un cuerpo que determina la culpabilidad o inocencia de un acusado, el jurado medieval actuaba como un grupo de testigos que proporcionaban información sobre los hechos del caso. Este sistema evolucionó gradualmente hacia el sistema de jurado moderno.

B. El Juicio de Jurados en el Siglo XVIII

Durante el siglo XVIII, el sistema de juicio por jurado se consolidó en Inglaterra y se convirtió en un medio fundamental para garantizar la imparcialidad y la justicia en los juicios penales. El jurado se convirtió en un órgano independiente que tomaba decisiones basadas en la evidencia presentada en el tribunal. Este período también vio el desarrollo de principios legales fundamentales, como la presunción de inocencia y el derecho a un juicio justo.

C. Influencia en los Estados Unidos

El sistema de Common Law, incluyendo el juicio por jurado, fue llevado a América del Norte por colonizadores ingleses en los siglos XVII y XVIII. Estos principios legales influyeron en la formación de los sistemas legales de los Estados Unidos y se reflejan en la Constitución de los Estados Unidos. La Sexta Enmienda de la Constitución garantiza el derecho a un juicio rápido y público por un jurado imparcial.

D. Abolición de la Esclavitud y Derechos Civiles

El sistema de Common Law y el juicio por jurado también jugaron un papel importante en la lucha por los derechos civiles en los Estados Unidos. La abolición de la esclavitud y la lucha por la igualdad racial fueron impulsadas en parte por jurados que se negaron a condenar a personas acusadas de delitos relacionados con la esclavitud o la discriminación racial. Estos jurados se convirtieron en defensores de la justicia y los derechos civiles.

E. Avances en la Protección de los Derechos del Acusado

A lo largo del siglo XX, se produjeron avances significativos en la protección de los derechos del acusado en el sistema de Common Law. Las decisiones de la Corte Suprema de los Estados Unidos, como Miranda v. Arizona (1966), establecieron que los acusados tienen el derecho a ser informados de sus derechos antes de ser interrogados por la policía. Estos derechos, conocidos como los "derechos Miranda", se han convertido en una parte fundamental del proceso penal en los Estados Unidos.

F. Retos y Reformas Modernas

A medida que la sociedad ha evolucionado, también lo ha hecho el sistema de Common Law y el juicio por jurado. Los desafíos modernos, como el aumento de la tecnología y la complejidad de los delitos financieros, han planteado nuevos desafíos para el sistema legal. Además, ha habido un enfoque creciente en la diversidad e inclusión en los jurados para reflejar mejor la composición de la comunidad.

V. Adaptación a los Cambios Sociales y Culturales

El sistema de Common Law y el juicio por jurado han demostrado su capacidad para adaptarse a los cambios sociales y culturales a lo largo de la historia. La flexibilidad del sistema ha permitido que se aborden cuestiones emergentes y se promueva la justicia en una sociedad en constante evolución. Algunos ejemplos de cómo el sistema se ha adaptado a los cambios son:

A. Avances Tecnológicos

El advenimiento de la tecnología ha presentado nuevos desafíos en la presentación de pruebas y la protección de la privacidad en el proceso penal. Los tribunales han tenido que abordar cuestiones relacionadas con la recopilación de pruebas digitales, como datos de teléfonos móviles y registros en línea. La jurisprudencia se ha desarrollado para garantizar que las pruebas digitales se obtengan de manera legal y se presenten de manera justa en el juicio.

B. Cambios en la Opinión Pública

Los cambios en la opinión pública y las actitudes sociales han influido en la forma en que se manejan ciertos tipos de casos en el sistema de Common Law. Por ejemplo, en casos relacionados con la marihuana, la opinión pública ha evolucionado y algunos estados han legalizado su uso medicinal o recreativo. Esto ha llevado a cambios en las leyes y las políticas de persecución penal.

C. Diversidad en los Jurados

La diversidad en los jurados se ha convertido en un objetivo importante para garantizar que los veredictos reflejen la perspectiva de la comunidad en su conjunto. Los tribunales han adoptado medidas para aumentar la diversidad en los jurados, como la selección equitativa de jurados y la eliminación de prejuicios en la selección de jurados. Esto es especialmente relevante en casos de discriminación racial o de género.

D. Derechos de las Víctimas

A lo largo del tiempo, ha habido un mayor reconocimiento de los derechos de las víctimas en el proceso penal. Las leyes de víctimas y los programas de apoyo a las víctimas han sido implementados para garantizar que las personas afectadas por el delito sean escuchadas y tengan acceso a recursos y apoyo durante el proceso legal.

VI. Conclusiones y Reflexiones

El proceso penal y el juicio por jurado en el Common Law son elementos fundamentales de un sistema legal que se ha desarrollado a lo largo de siglos de evolución. A lo largo de su historia, este sistema ha demostrado su capacidad para adaptarse a los cambios sociales, tecnológicos y culturales, al tiempo que mantiene su compromiso con la justicia y la protección de los derechos individuales.

El jurado, como parte esencial del proceso, representa la voz de la comunidad en la toma de decisiones judiciales y desempeña un papel vital en la protección de los derechos de los acusados. A través de su imparcialidad y su responsabilidad de evaluar las pruebas, el jurado refleja los valores democráticos y garantiza que la justicia se aplique de manera equitativa.

En un mundo en constante cambio, el sistema de Common Law y el juicio por jurado siguen siendo pilares de la administración de justicia. A medida que enfrentamos nuevos desafíos y oportunidades en el futuro, es fundamental que estos elementos centrales del sistema legal sigan evolucionando para garantizar que la justicia prevalezca en nuestra sociedad en constante transformación.

10.4 Penas y sentencias en el sistema de Common Law

En el sistema de Common Law, las penas y sentencias son una parte crucial del proceso penal. Después de que un acusado es declarado culpable en un juicio por jurado o ante un juez, el tribunal debe determinar la pena que se le impondrá al acusado. Las penas y sentencias pueden variar ampliamente según la jurisdicción, la gravedad del delito y las circunstancias específicas del caso. A continuación, exploraremos en detalle cómo funcionan las penas y sentencias en el sistema de Common Law.

1. Principios Fundamentales de las Penas y Sentencias en el Common Law:

En el sistema de Common Law, existen varios principios fundamentales que guían la imposición de penas y sentencias. Estos principios aseguran que las penas sean justas y proporcionales al delito cometido. Algunos de los principios más destacados incluyen:

Principio de Proporcionalidad: La pena impuesta debe ser proporcional a la gravedad del delito y tener en cuenta las circunstancias específicas del caso. No se deben imponer penas excesivas o desproporcionadas.

Presunción de Inocencia: Hasta que un acusado sea declarado culpable en un juicio, se presume inocente. Esto significa que el tribunal debe considerar al acusado como inocente y solo puede imponer una pena después de una condena.

Consideración de Antecedentes: El tribunal considera los antecedentes del acusado, incluyendo su historial delictivo, al determinar la pena. Los antecedentes pueden influir en la decisión del tribunal sobre la sentencia.

Derecho a una Defensa Adecuada: El acusado tiene derecho a una defensa adecuada, lo que significa que su abogado puede presentar argumentos en su nombre para mitigar la pena.

Sentido de Justicia: Las penas y sentencias deben servir al sentido de justicia y proteger a la sociedad. Esto implica que las penas deben disuadir el delito y rehabilitar al acusado cuando sea posible.

2. Tipos de Penas en el Sistema de Common Law:

El sistema de Common Law reconoce una variedad de penas que pueden ser impuestas a un acusado condenado. Estas penas se dividen en dos categorías principales: penas privativas de libertad y penas no privativas de libertad. A continuación, se describen algunos de los tipos de penas más comunes:

a. Penas Privativas de Libertad

Prisión: Esta es la pena más común y consiste en privar al condenado de su libertad y confinarlo en una institución penitenciaria por un período específico. Las sentencias de prisión pueden variar desde días hasta décadas, dependiendo de la gravedad del delito.

Prisión de por Vida: Algunos delitos graves pueden resultar en sentencias de prisión de por vida, donde el condenado pasará el resto de su vida en prisión sin posibilidad de libertad condicional.

b. Penas No Privativas de Libertad

Multas: Las multas son sanciones económicas que el acusado debe pagar como parte de su condena. La cantidad de la multa puede variar según el delito y la jurisdicción.

Libertad Condicional: En lugar de la prisión, un acusado puede ser condenado a libertad condicional, lo que implica supervisión por parte de las autoridades durante un período determinado. Durante la libertad condicional, el condenado debe cumplir con ciertas condiciones, como no cometer más delitos.

Servicio Comunitario: Algunos condenados pueden ser sentenciados a realizar servicio comunitario, donde deben trabajar en proyectos de servicio público como parte de su condena.

Probation: Similar a la libertad condicional, la probation implica la supervisión del condenado, pero generalmente se lleva a cabo sin la necesidad de cumplir tiempo en prisión. El condenado debe cumplir con ciertas condiciones y reglas establecidas por el tribunal.

3. Consideraciones en la Imposición de Penas:

La imposición de penas en el sistema de Common Law involucra una serie de consideraciones y factores que el tribunal debe tener en cuenta:

Gravedad del Delito: El tribunal evalúa la naturaleza y gravedad del delito cometido. Delitos más graves generalmente resultan en penas más severas.

Circunstancias Agravantes y Atenuantes: Se consideran las circunstancias agravantes (factores que hacen que el delito sea más grave) y las circunstancias atenuantes (factores que disminuyen la culpabilidad del acusado).

Antecedentes del Acusado: El historial delictivo del acusado y su comportamiento previo pueden influir en la sentencia.

Derechos de la Víctima: Se debe tener en cuenta el impacto del delito en la víctima, y en algunos casos, se pueden otorgar reparaciones a la víctima como parte de la sentencia.

Rehabilitación: En algunos casos, el tribunal puede considerar la rehabilitación del acusado como un objetivo importante de la pena, especialmente en delitos no violentos o relacionados con el abuso de sustancias.

Directrices Legales: Algunas jurisdicciones tienen directrices legales que establecen rangos de sentencias recomendados para ciertos delitos. Estas directrices pueden influir en la decisión del tribunal, pero generalmente se permite cierta discreción judicial.

4. Sentencias Concurrentes y Consecutivas:

Cuando un acusado es condenado por múltiples delitos, el tribunal debe decidir si las penas serán concurrentes o consecutivas:

Sentencias Concurrentes: En una sentencia concurrente, el acusado cumple las penas de manera simultánea. Por ejemplo, si se le condena a 5 años de prisión por un delito y 3 años por otro delito, las penas se cumplen al mismo tiempo, por lo que la pena total sería de 5 años.

Sentencias Consecutivas: En una sentencia consecutiva, el acusado cumple las penas de manera secuencial, una después de la otra. En el ejemplo anterior, las penas serían consecutivas, lo que resultaría en un total de 8 años en prisión.

La decisión de si las penas serán concurrentes o consecutivas depende de la jurisdicción y de la evaluación del tribunal sobre la justicia de la sentencia.

5. Apelación de Sentencias:

Un acusado tiene el derecho de apelar su sentencia si considera que la misma es injusta o si cree que se cometieron errores legales en el proceso. La apelación es un proceso legal mediante el cual se revisa la sentencia y se evalúa si se ajusta a la ley y a los principios de justicia. En algunos casos, una sentencia puede ser modificada o anulada en una apelación exitosa.

6. Conclusiones:

El sistema de Common Law se basa en principios fundamentales de justicia, imparcialidad y proporcionalidad al imponer penas y sentencias. La determinación de la pena es un aspecto crítico del proceso penal y tiene en cuenta la gravedad del delito, las circunstancias del caso y los derechos del acusado. A medida que el sistema legal continúa evolucionando para reflejar los valores cambiantes de la sociedad, la imposición de penas sigue siendo un área en la que se buscan el equilibrio y la justicia en la administración de la justicia.

10.5 Avances y debates actuales en el derecho penal del Common Law

El Derecho Penal del Common Law, al igual que otros aspectos del sistema legal, ha experimentado una serie de avances y debates en la época contemporánea. Estos cambios y discusiones reflejan la evolución de la sociedad, las preocupaciones sobre los derechos individuales y la necesidad de adaptar el sistema legal a los desafíos modernos. A continuación, se exploran algunos de los avances y debates actuales en el Derecho Penal del Common Law:

1. Derechos de los Acusados

a. Reformas en la Justicia Penal

En muchos países de Common Law, se han realizado reformas destinadas a proteger los derechos de los acusados y a garantizar juicios justos. Esto incluye medidas como la grabación de interrogatorios policiales para evitar la coacción, la revisión de políticas de fianzas para reducir la prisión preventiva y la expansión de la asistencia letrada para asegurar que los acusados tengan representación legal adecuada.

b. Derechos de las Víctimas

El equilibrio entre los derechos de los acusados y las necesidades de las víctimas ha sido un tema de debate constante. En algunos lugares, se han introducido leyes para otorgar a las víctimas un mayor papel en el proceso penal, incluido el derecho a ser informadas sobre el estado del caso y la posibilidad de hacer declaraciones en la corte.

2. Reforma de la Justicia Penal

a. Reforma de la Sentencia

En algunos estados de Common Law, ha habido un movimiento hacia la reforma de las sentencias, especialmente para delitos no violentos y relacionados con el uso de drogas. Se han implementado medidas como la reducción de penas mínimas obligatorias y la promoción de alternativas a la prisión, como programas de tratamiento de drogas y servicios de salud mental.

b. Eliminación de la Pena de Muerte

Varios estados en los Estados Unidos han abolido la pena de muerte en las últimas décadas, citando preocupaciones sobre la posibilidad de ejecuciones injustas y la falta de efectividad disuasoria. Esto ha sido un tema controvertido y sigue siendo objeto de debate en todo el país.

3. Justicia Restaurativa

La justicia restaurativa es un enfoque alternativo en el sistema de Common Law que se centra en la reparación del daño causado a las víctimas y la rehabilitación de los infractores. Este enfoque busca involucrar a las partes afectadas en la resolución de conflictos y puede incluir procesos de mediación y reconciliación.

4. Delitos Cibernéticos y Tecnológicos

El aumento de los delitos cibernéticos y la tecnología en la sociedad ha planteado desafíos para el Derecho Penal del Common Law. Los tribunales y legisladores están lidiando con cuestiones relacionadas con la privacidad en línea, la ciberseguridad y la aplicación de leyes anticuadas a delitos digitales.

5. Derecho Internacional Penal

El Common Law también se ha adaptado al ámbito del derecho internacional penal, con tribunales como la Corte Penal Internacional (CPI) que procesan casos de genocidio, crímenes de lesa humanidad y crímenes de guerra. La participación en tratados y la cooperación internacional son temas importantes en la jurisprudencia actual.

6. Desafíos Contemporáneos

a. Terrorismo y Seguridad Nacional

La lucha contra el terrorismo y la seguridad nacional ha llevado a debates sobre el equilibrio entre la seguridad pública y los derechos civiles. Las leyes antiterroristas, la vigilancia masiva y la detención de sospechosos plantean preguntas sobre la protección de los derechos individuales.

b. Crímenes de Odio y Discriminación

Los crímenes de odio y la discriminación son preocupaciones importantes en muchas jurisdicciones de Common Law. Los tribunales están llamados a abordar estos delitos y garantizar que se tomen medidas para combatir la intolerancia y la discriminación.

7. Inteligencia Artificial y Derecho Penal

El avance de la inteligencia artificial (IA) y la automatización plantea preguntas sobre la responsabilidad penal en casos de delitos cometidos por máquinas o algoritmos. El desarrollo de leyes y regulaciones para abordar estos problemas es un desafío emergente.

8. Debates sobre la Reforma de la Policía

En respuesta a preocupaciones sobre el uso excesivo de la fuerza por parte de la policía y la brutalidad policial, ha habido llamados a reformar las prácticas y políticas policiales. Esto incluye discusiones sobre la responsabilidad policial y la capacitación en técnicas de desescalada.

9. Desafíos en el Sistema Penitenciario

Los problemas relacionados con el sistema penitenciario, como la sobrepoblación, las condiciones carcelarias inhumanas y la rehabilitación efectiva, continúan siendo temas de debate y reforma.

En resumen, el Derecho Penal del Common Law está en constante evolución para abordar los desafíos y las preocupaciones contemporáneas. Los avances en la protección de los derechos de los acusados, la reforma de las sentencias, la adaptación a los delitos tecnológicos y otros problemas actuales son áreas en las que el sistema legal sigue desarrollándose para mantenerse relevante y justo en una sociedad en constante cambio. Estos debates y reformas son esenciales para garantizar que el Derecho Penal del Common Law continúe siendo un instrumento efectivo de justicia y protección de los derechos humanos.

Capítulo 11:

Derecho de Contratos Comerciales en el Common Law

11.1 Contratos comerciales y su importancia en el Common Law

Los contratos comerciales son fundamentales en el sistema legal del Common Law y desempeñan un papel crucial en la regulación de las transacciones comerciales y la protección de los derechos y obligaciones de las partes involucradas. La importancia de los contratos comerciales en el Common Law radica en varios aspectos clave:

1. Protección de los Derechos de las Partes

Los contratos comerciales establecen las condiciones y términos de una transacción comercial. Al hacerlo, protegen los derechos e intereses de todas las partes involucradas en el acuerdo. Cada parte tiene la seguridad de que la otra cumplirá con sus obligaciones, y en caso de incumplimiento, el contrato proporciona un recurso legal para buscar reparación.

2. Facilitación de Transacciones Comerciales

Los contratos comerciales permiten la realización eficiente de transacciones comerciales. Al proporcionar una estructura legal para las negociaciones y los acuerdos, los contratos facilitan la compraventa de bienes y servicios, la prestación de servicios profesionales y una amplia gama de actividades comerciales.

3. Flexibilidad y Adaptabilidad

El Common Law es conocido por su flexibilidad y adaptabilidad en la creación y ejecución de contratos comerciales. Las partes tienen la libertad de negociar y establecer los términos que mejor se adapten a sus necesidades y expectativas específicas. Esto permite una personalización de los acuerdos y una adaptación a circunstancias cambiantes.

4. Cumplimiento de Obligaciones

En caso de que una de las partes no cumpla con sus obligaciones contractuales, el contrato proporciona un medio para hacer cumplir los términos del acuerdo. Las partes pueden recurrir a los tribunales para buscar una orden judicial que obligue a la otra parte a cumplir con sus obligaciones, o buscar daños y perjuicios en caso de incumplimiento.

5. Resolución de Disputas

Cuando surgen disputas comerciales, los contratos proporcionan un marco legal para la resolución de esas disputas. Las cláusulas de resolución de disputas, como la mediación o el arbitraje, pueden incluirse en el contrato para ayudar a las partes a resolver diferencias de manera más eficiente y evitar litigios costosos.

6. Establecimiento de Precedentes Legales

Los casos judiciales relacionados con contratos comerciales en el sistema de Common Law a menudo establecen precedentes legales que pueden ser utilizados en casos futuros. Estos precedentes ayudan a aclarar la interpretación y aplicación de los términos contractuales y proporcionan orientación a las partes y a los tribunales en asuntos similares.

7. Desarrollo de la Jurisprudencia

La jurisprudencia en torno a los contratos comerciales en el Common Law es dinámica y evoluciona con el tiempo para abordar los desafíos y cambios en la economía y la tecnología. Los tribunales interpretan y aplican la ley contractual de manera coherente con los principios legales y los valores sociales contemporáneos.

8. Internacionalización de los Contratos

En un mundo globalizado, los contratos comerciales son fundamentales para las relaciones comerciales internacionales. Las partes de diferentes países pueden utilizar contratos comerciales para establecer reglas y términos que rigen sus transacciones transfronterizas, y el Common Law proporciona un marco legal para resolver disputas en este contexto.

9. Impulso a la Confianza y la Inversión

Un sistema legal sólido y predecible que protege los derechos contractuales fomenta la confianza entre las partes y puede impulsar la inversión y el crecimiento económico. Las empresas y los individuos están más dispuestos a celebrar acuerdos y realizar inversiones cuando saben que sus derechos están respaldados por el sistema legal.

En resumen, los contratos comerciales son un componente esencial del sistema legal del Common Law. Facilitan las transacciones comerciales, protegen los derechos de las partes, brindan un medio para resolver disputas y contribuyen a la confianza en el mercado. La flexibilidad y la adaptabilidad del Common Law permiten que los contratos se ajusten a una amplia gama de situaciones comerciales, lo que los convierte en una herramienta fundamental para la actividad económica y comercial en el mundo contemporáneo.

11.2 Cláusulas típicas en contratos comerciales

En los contratos comerciales, existen varias cláusulas típicas que se utilizan para establecer los términos y condiciones de un acuerdo. Estas cláusulas son fundamentales para proteger los derechos e intereses de las partes involucradas y garantizar la ejecución eficiente del contrato. A continuación, se describen algunas de las cláusulas más comunes en los contratos comerciales:

1. Cláusula de Identificación de las Partes:

Esta cláusula establece quiénes son las partes involucradas en el contrato, identificando a las personas físicas o jurídicas que celebran el acuerdo. Por lo general, incluye los nombres completos de las partes, sus direcciones y otra información de contacto relevante.

2. Cláusula de Definiciones:

En algunos contratos, se incluye una sección de definiciones que aclara el significado de ciertos términos o conceptos utilizados en el contrato. Esto ayuda a evitar confusiones y malentendidos en la interpretación del acuerdo.

3. Cláusula de Objeto y Alcance del Contrato:

Esta cláusula describe el propósito y el alcance del contrato, especificando qué productos o servicios serán entregados o proporcionados, así como cualquier limitación o restricción importante.

4. Cláusula de Precio y Pago:

Esta cláusula establece el precio acordado por los bienes o servicios, así como los términos y condiciones de pago. Puede incluir detalles sobre plazos de pago, formas de pago aceptadas y cualquier penalización por pagos tardíos.

5. Cláusula de Plazo y Vigencia:

Esta cláusula indica la duración del contrato, incluyendo la fecha de inicio y la fecha de vencimiento. También puede abordar la posibilidad de renovación automática y los procedimientos para dar por terminado el contrato.

6. Cláusula de Entrega y Logística:

En contratos que involucran la entrega de bienes, esta cláusula describe cómo se llevará a cabo la entrega, quién será responsable de los costos de envío y cuáles son los plazos de entrega.

7. Cláusula de Garantías:

Esta cláusula establece cualquier garantía o representación que las partes hacen sobre los productos o servicios, incluyendo detalles sobre reparaciones, reemplazos o devoluciones en caso de defectos.

8. Cláusula de Confidencialidad:

En acuerdos que implican el intercambio de información sensible o confidencial, esta cláusula establece las obligaciones de las partes para mantener la confidencialidad y proteger la información confidencial.

9. Cláusula de Resolución de Disputas:

Esta cláusula especifica cómo se manejarán las disputas en caso de que surjan desacuerdos entre las partes. Puede incluir disposiciones para la mediación, el arbitraje o la jurisdicción y ley aplicable en caso de litigio.

10. Cláusula de No Competencia:

En ciertos contratos, se incluye una cláusula de no competencia que prohíbe a una de las partes competir con la otra durante un período de tiempo específico o en una ubicación determinada después de la terminación del contrato.

11. Cláusula de Ley Aplicable:

Esta cláusula establece la ley que regirá el contrato y cualquier disputa relacionada con el mismo. También puede incluir disposiciones sobre la jurisdicción en la que se resolverán las disputas legales.

12. Cláusula de Fuerza Mayor:

Esta cláusula describe las circunstancias bajo las cuales una parte puede quedar exenta de cumplir con sus obligaciones debido a eventos imprevisibles o fuera de su control, como desastres naturales o eventos políticos.

13. Cláusula de Terminación y Causales de Incumplimiento:

Esta cláusula enumera las circunstancias bajo las cuales cualquiera de las partes puede dar por terminado el contrato debido al incumplimiento de la otra parte. También puede incluir los procedimientos para notificar y resolver tales incumplimientos.

14. Cláusula de Cesión:

Esta cláusula aborda si una de las partes puede transferir sus derechos y obligaciones en virtud del contrato a terceros sin el consentimiento de la otra parte.

Estas son solo algunas de las cláusulas típicas que pueden encontrarse en los contratos comerciales. La inclusión y el contenido de estas cláusulas pueden variar según el tipo de contrato y las necesidades específicas de las partes involucradas.

11.3 Cumplimiento y resolución de disputas en contratos comerciales

El cumplimiento y la resolución de disputas en contratos comerciales en el sistema de Common Law son procesos fundamentales para garantizar que las partes involucradas en un contrato cumplan con sus obligaciones y que se resuelvan de manera justa y eficiente cualquier conflicto que surja durante la ejecución del acuerdo. Aquí se describen los aspectos clave relacionados con el cumplimiento y la resolución de disputas en contratos comerciales en el Common Law:

Cumplimiento del Contrato

El cumplimiento del contrato se refiere al acto de cada parte de cumplir con las obligaciones y los términos establecidos en el acuerdo. Aquí se presentan algunas consideraciones clave:

1. Ejecución de Obligaciones: Cada parte debe cumplir con las obligaciones específicas que se detallan en el contrato. Esto puede incluir la entrega de bienes, la prestación de servicios, el pago de sumas acordadas, entre otros.
2. Plazos de Cumplimiento: Los contratos a menudo establecen plazos específicos para el cumplimiento de ciertas obligaciones. Es importante que las partes cumplan con estos plazos para evitar incumplimientos contractuales.
3. Inspección y Aceptación: En algunos contratos, se requiere que el destinatario de los bienes o servicios inspeccione y acepte formalmente la entrega. Esto puede ser relevante en contratos de compraventa de bienes, por ejemplo.
4. Documentación: Es importante mantener registros adecuados de las transacciones relacionadas con el contrato, incluyendo facturas, recibos, acuses de recibo, correos electrónicos y cualquier otro documento relevante.
5. Comunicación: Las partes deben mantener una comunicación clara y abierta para abordar cualquier problema o cambio en las circunstancias que pueda afectar el cumplimiento del contrato.

Resolución de Disputas en Contratos Comerciales

A pesar de los mejores esfuerzos, las disputas pueden surgir en la ejecución de un contrato comercial. El sistema de Common Law proporciona varios mecanismos para resolver estas disputas:

1. Negociación Directa: A menudo, la primera etapa para resolver una disputa es la negociación directa entre las partes. Esto implica discutir el problema y buscar un acuerdo mutuamente aceptable.
2. Mediación: En algunos contratos comerciales, se incluyen cláusulas de mediación que requieren que las partes participen en un proceso de mediación, en el que un tercero imparcial (el mediador) ayuda a facilitar la resolución del conflicto.
3. Arbitraje: Otra opción común es el arbitraje, donde las partes someten la disputa a un árbitro o panel de árbitros que emiten una decisión vinculante. El arbitraje es menos formal que el litigio y puede ser más rápido y confidencial.
4. Litigio: Si las partes no pueden resolver la disputa a través de negociaciones, mediación o arbitraje, pueden recurrir al litigio. Esto implica llevar el caso ante un tribunal competente, donde un juez o un jurado tomará una decisión basada en la evidencia y los argumentos presentados.

Consideraciones Importantes

Cláusulas de Resolución de Disputas: Es común que los contratos comerciales incluyan cláusulas que especifican el proceso de resolución de disputas que se seguirá en caso de conflicto. Estas cláusulas son legalmente vinculantes.

Interpretación Contractual: La interpretación de los términos y condiciones del contrato es fundamental en la resolución de disputas. Los tribunales aplicarán las reglas de interpretación contractuales para determinar el significado de las disposiciones del contrato.

Daños y Perjuicios: En caso de incumplimiento de contrato, las partes afectadas pueden buscar daños y perjuicios, que son compensaciones monetarias destinadas a restaurarlas en la posición en la que estarían si el contrato se hubiera cumplido adecuadamente.

Equidad: En algunos casos, los tribunales pueden aplicar principios de equidad para garantizar un resultado justo y equitativo en la resolución de disputas contractuales.

Apelación: Las partes tienen derecho a apelar una decisión judicial si consideran que se cometieron errores en la interpretación de la ley o los hechos durante el proceso de litigio.

En resumen, el cumplimiento y la resolución de disputas en contratos comerciales en el sistema de Common Law son procesos estructurados que buscan garantizar que las partes cumplan con sus obligaciones contractuales y, en caso de conflicto, que se resuelvan de manera justa y eficiente. Las cláusulas contractuales y los mecanismos de resolución de disputas desempeñan un papel crucial en la gestión de conflictos y la protección de los derechos contractuales en el ámbito comercial.

11.4 Garantías y responsabilidades en transacciones comerciales

En las transacciones comerciales bajo el sistema de Common Law, las garantías y responsabilidades desempeñan un papel fundamental en la protección de los derechos de las partes involucradas. Estas garantías y responsabilidades pueden variar según el tipo de transacción y los términos del contrato, pero generalmente se rigen por los principios del Common Law y las disposiciones contractuales. Aquí se describen las garantías y responsabilidades comunes en las transacciones comerciales en el Common Law:

Garantías Implícitas

Las garantías implícitas son aquellas que se consideran automáticamente incorporadas en un contrato de venta de bienes, incluso si no se mencionan explícitamente en el contrato. Las garantías implícitas son importantes porque ofrecen ciertas protecciones a los compradores. Las dos garantías implícitas más comunes son:

Garantía implícita de comerciabilidad: Esta garantía asegura que los bienes vendidos sean aptos para su uso normal y que estén libres de defectos que los hagan inadecuados para el propósito previsto. En otras palabras, garantiza que los bienes sean "adecuados para la venta".

Garantía implícita de idoneidad para un propósito particular: Esta garantía se aplica cuando el vendedor sabe o tiene razones para saber que el comprador está adquiriendo los bienes para un propósito específico. En este caso, el vendedor garantiza que los bienes son adecuados para ese propósito en particular.

Garantías Expresas

Las garantías expresas son promesas específicas y explícitas que las partes hacen en el contrato. Estas garantías se basan en lo que se acuerda y se establece en términos claros. Algunos ejemplos comunes de garantías expresas en contratos comerciales incluyen:

Garantía de título: El vendedor garantiza que tiene un título válido sobre los bienes y que está autorizado para venderlos.

Garantía de calidad: El vendedor garantiza que los bienes cumplirán con ciertas especificaciones o estándares de calidad.

Garantía de rendimiento: El vendedor garantiza que los bienes o servicios cumplirán con ciertas expectativas de desempeño.

Garantía de no infracción: El vendedor garantiza que los bienes o servicios no infringirán derechos de propiedad intelectual o patentes de terceros.

Responsabilidades en Caso de Incumplimiento

En caso de que una parte no cumpla con sus garantías o responsabilidades en una transacción comercial, existen diversas medidas disponibles para remediar la situación. Estas pueden incluir:

Reparación o reemplazo: En caso de que los bienes entregados no cumplan con las garantías o especificaciones acordadas, el vendedor puede ser responsable de reparar o reemplazar los bienes defectuosos.

Reembolso o compensación: Si los bienes o servicios no cumplen con las garantías o expectativas, la parte perjudicada puede tener derecho a un reembolso o a la compensación por los daños sufridos.

Acción legal: En última instancia, si las partes no pueden resolver la disputa de manera amigable, el sistema de Common Law proporciona la opción de emprender acciones legales para hacer cumplir los derechos contractuales y buscar daños y perjuicios.

Resolución de disputas alternativa: En algunos contratos comerciales, se incluyen cláusulas que requieren la resolución de disputas a través de mediación o arbitraje en lugar de recurrir directamente a los tribunales.

Exclusión o Limitación de Garantías

Es importante destacar que las partes en una transacción comercial pueden acordar exclusiones o limitaciones de garantías en el contrato. Por ejemplo, un vendedor puede incluir una cláusula que excluya ciertas garantías implícitas o que limite su responsabilidad en caso de incumplimiento. Sin embargo, estas exclusiones o limitaciones deben ser específicas y estar claramente establecidas en el contrato para ser válidas.

En resumen, en las transacciones comerciales en el sistema de Common Law, las garantías y responsabilidades desempeñan un papel crucial en la protección de los derechos de las partes involucradas. Tanto las garantías implícitas como las expresas, junto con las responsabilidades en caso de incumplimiento, son elementos clave en la ejecución exitosa de los contratos comerciales y en la resolución de disputas en caso de que surjan problemas. Es esencial que las partes comprendan y negocien estas garantías y responsabilidades de manera adecuada al redactar y celebrar un contrato comercial.

11.5 Tendencias actuales en el derecho de contratos comerciales del Common Law

El Derecho de Contratos Comerciales en el sistema de Common Law ha evolucionado a lo largo del tiempo para adaptarse a las cambiantes necesidades y dinámicas comerciales. A continuación, se describen algunas tendencias actuales y desarrollos en este campo:

1. Mayor Uso de la Tecnología

El uso de la tecnología está transformando la forma en que se celebran, ejecutan y hacen cumplir los contratos comerciales. Algunas tendencias clave incluyen:

Contratos inteligentes: La tecnología blockchain permite la creación de contratos inteligentes, que son acuerdos autoejecutables basados en código informático. Estos contratos pueden automatizar la ejecución de términos y condiciones cuando se cumplen ciertas condiciones predefinidas.

Firmas electrónicas: Las firmas electrónicas se han vuelto cada vez más aceptadas y reguladas en el ámbito contractual. Esto facilita la celebración de contratos a distancia y reduce la necesidad de documentos en papel.

Almacenamiento en la nube: El almacenamiento en la nube permite un acceso más rápido y seguro a los documentos contractuales, lo que facilita la gestión y revisión de los contratos comerciales.

2. Mayor Enfoque en la Protección de Datos

Con la creciente preocupación por la privacidad de los datos, se han introducido regulaciones como el Reglamento General de Protección de Datos (RGPD) en la Unión Europea y leyes similares en otros lugares. Estas regulaciones tienen un impacto significativo en los contratos comerciales, especialmente en lo que respecta a la recopilación, almacenamiento y procesamiento de datos personales.

3. Mayor Complejidad y Personalización de los Contratos

A medida que las transacciones comerciales se vuelven más complejas y globales, los contratos comerciales también se han vuelto más detallados y específicos para abordar las necesidades de las partes. Esto incluye cláusulas personalizadas para abordar circunstancias únicas y disposiciones de resolución de disputas más detalladas.

4. Enfoque en la Sostenibilidad y Responsabilidad Social

Las empresas están prestando más atención a la sostenibilidad ambiental y la responsabilidad social corporativa. Esto se refleja en los contratos comerciales, donde se incluyen cláusulas relacionadas con prácticas sostenibles, responsabilidad por daños ambientales y estándares éticos.

5. Mayor Énfasis en la Ciberseguridad

La ciberseguridad se ha convertido en una preocupación crítica en las transacciones comerciales, especialmente en sectores como la tecnología y las finanzas. Los contratos comerciales pueden incluir cláusulas que establezcan estándares de seguridad cibernética y responsabilidad en caso de brechas de seguridad.

6. Internacionalización de Contratos

El comercio internacional es cada vez más común, lo que ha llevado a la internacionalización de los contratos comerciales. Esto incluye la elección de la ley aplicable y la jurisdicción en caso de disputas, así como la consideración de tratados y convenciones internacionales.

7. Resolución de Disputas Alternativas

Se ha observado un aumento en la preferencia por la resolución de disputas alternativas (ADR, por sus siglas en inglés) en lugar de litigios. Esto incluye la mediación y el arbitraje, que pueden ser más rápidos y menos costosos que los procedimientos judiciales tradicionales.

8. Impacto de la Pandemia de COVID-19

La pandemia de COVID-19 generó una serie de desafíos y cambios en los contratos comerciales. Esto ha llevado a un mayor enfoque en las cláusulas de fuerza mayor y a la renegociación de contratos para abordar interrupciones comerciales.

9. Énfasis en la Transparencia y Cumplimiento Regulatorio

Las empresas están prestando más atención a la transparencia en sus contratos y al cumplimiento de regulaciones específicas de la industria. Esto incluye la divulgación de información relevante y la adhesión a estándares de cumplimiento.

10. Sistemas de Gestión de Contratos

Las organizaciones están adoptando sistemas de gestión de contratos (CLM, por sus siglas en inglés) para mejorar la administración, seguimiento y cumplimiento de contratos. Estos sistemas automatizan muchas tareas relacionadas con la gestión de contratos y ayudan a mitigar riesgos.

En resumen, el Derecho de Contratos Comerciales en el sistema de Common Law está experimentando una serie de cambios y tendencias para adaptarse a las demandas cambiantes de la economía global, la tecnología y las preocupaciones sociales y éticas.

Estas tendencias reflejan la continua evolución de las prácticas comerciales y legales en un entorno cada vez más dinámico.

Capítulo 12:

Derecho de Propiedad Intelectual en el Common Law

12.1 Protección de derechos de autor en el Common Law

La protección de los derechos de autor en el sistema de Common Law es un componente esencial de la propiedad intelectual y se rige por una serie de leyes y principios que garantizan la protección de las obras creativas y su utilización adecuada. A continuación, se describen los aspectos clave de la protección de derechos de autor en el Common Law:

Derechos de Autor en Obras Creativas

Los derechos de autor protegen las obras creativas originales, como libros, música, películas, software, obras de arte, fotografías y otros tipos de expresión artística e intelectual. Estos derechos surgen automáticamente tan pronto como se crea una obra en una forma tangible. Algunos de los aspectos clave de la protección de derechos de autor incluyen:

Derechos Exclusivos: El autor o creador de una obra tiene el derecho exclusivo de copiar, distribuir, exhibir, realizar y modificar esa obra. Nadie más puede hacerlo sin el permiso del titular de los derechos de autor.

Duración de la Protección: En el sistema de Common Law, la duración de la protección de derechos de autor suele extenderse durante toda la vida del autor más 70 años después de su fallecimiento. Sin embargo, la duración puede variar según la jurisdicción y el tipo de obra.

Registro de Derechos de Autor: Aunque no es necesario registrar una obra para que esté protegida por derechos de autor, el registro puede proporcionar evidencia sólida en caso de disputas y es necesario para presentar una demanda por infracción en algunos países.

Infracción de Derechos de Autor

La infracción de derechos de autor ocurre cuando alguien utiliza una obra protegida sin el permiso del titular de los derechos de autor. Las acciones típicas de infracción de derechos de autor incluyen la reproducción no autorizada, la distribución, la representación pública y la creación de obras derivadas sin permiso.

Excepciones y Uso Justo

A pesar de la protección de derechos de autor, existen excepciones y limitaciones que permiten el uso de obras protegidas en ciertas circunstancias. Una de las más conocidas es el concepto de "uso justo" (fair use en inglés), que permite el uso limitado de una obra protegida sin permiso en situaciones como la crítica, la parodia, la educación y la investigación. El alcance del uso justo varía según la jurisdicción y se evalúa caso por caso.

Aplicación y Litigios

En el sistema de Common Law, la aplicación de derechos de autor y la resolución de litigios relacionados con la infracción de derechos de autor generalmente involucran acciones judiciales. Los titulares de derechos de autor pueden presentar demandas para detener la infracción y buscar daños y perjuicios en caso de que sus derechos hayan sido violados. Los tribunales considerarán factores como la naturaleza de la obra, la cantidad utilizada y el impacto en el mercado al evaluar si ha ocurrido una infracción de derechos de autor.

Acuerdos de Licencia

Los acuerdos de licencia son una forma común de permitir el uso legal de obras protegidas por derechos de autor. En un acuerdo de licencia, el titular de los derechos de autor otorga permiso a otra parte (el licenciatario) para utilizar la obra en términos específicos. Estos acuerdos pueden ser amplios o específicos y pueden incluir pagos de regalías o tarifas de licencia.

Protección Internacional

Los derechos de autor se rigen por tratados y acuerdos internacionales, como el Convenio de Berna. Esto significa que las obras protegidas por derechos de autor en un país del sistema de Common Law también están protegidas en otros países que son signatarios de estos tratados.

En resumen, la protección de derechos de autor en el sistema de Common Law es un componente esencial de la propiedad intelectual que garantiza la protección de obras creativas originales. Los derechos de autor otorgan a los autores y creadores el control sobre el uso y la explotación de sus obras y ofrecen recursos legales para hacer cumplir esos derechos en caso de infracción. Además, se reconoce la importancia de equilibrar estos derechos con excepciones y limitaciones que permiten el uso legítimo de obras protegidas en situaciones específicas.

12.2 Patentes y marcas registradas en el sistema de Common Law

La protección de patentes y marcas registradas en el sistema de Common Law es esencial para garantizar la propiedad intelectual y fomentar la innovación y la competencia leal en el mercado. A continuación, se describen los aspectos clave de la protección de patentes y marcas registradas en el Common Law:

Patentes

Una patente es un derecho otorgado por el gobierno que le da al titular el derecho exclusivo de fabricar, vender o utilizar una invención durante un período determinado (generalmente 20 años). Esto permite que los inventores tengan un incentivo económico para desarrollar nuevas ideas y productos. Algunos aspectos clave de las patentes en el sistema de Common Law incluyen:

Requisitos de Patentabilidad: Para ser patentable, una invención debe ser nueva, no obvia y tener utilidad. En otras palabras, debe ser una creación original que aporte un valor real.

Solicitud de Patente: Los inventores deben presentar una solicitud de patente ante la oficina de patentes correspondiente, proporcionando detalles técnicos y descripciones detalladas de la invención.

Protección Territorial: Las patentes otorgan derechos exclusivos solo en el país donde se otorgan. Para proteger una invención en otros países, se deben presentar solicitudes de patente en las oficinas de patentes de esos países.

Derecho Exclusivo: Los titulares de patentes tienen el derecho exclusivo de fabricar, vender o utilizar la invención durante el período de protección. Cualquier uso no autorizado de la invención constituye una infracción de patente.

Divulgación Pública: La concesión de una patente requiere la divulgación completa de la invención. Esto significa que la información sobre la invención se vuelve pública para que otros puedan aprender de ella, lo que fomenta la innovación.

Litigios de Patentes: En caso de infracción de patente, los titulares de patentes pueden presentar demandas en los tribunales para hacer cumplir sus derechos y buscar daños y perjuicios.

Marcas Registradas

Una marca registrada es un signo distintivo, como un nombre, un logotipo o un símbolo, que se utiliza para identificar y distinguir productos o servicios en el mercado. El registro de una marca proporciona protección legal contra el uso no autorizado de la misma. Algunos aspectos clave de las marcas registradas en el sistema de Common Law incluyen:

Registro de Marcas: Los titulares de marcas deben presentar solicitudes de registro ante la oficina de marcas registradas correspondiente. Esto incluye proporcionar una descripción de la marca y su uso previsto.

Protección Territorial: Al igual que con las patentes, la protección de una marca registrada se limita al país donde se otorga el registro. Para proteger una marca en otros países, se deben presentar solicitudes de registro de marca en esas jurisdicciones.

Uso y Mantenimiento: Para mantener la validez de una marca registrada, generalmente se requiere su uso continuo en el comercio. Los titulares de marcas deben estar atentos a los plazos y requisitos de mantenimiento.

Derecho Exclusivo: El titular de una marca registrada tiene el derecho exclusivo de utilizar la marca en relación con los productos o servicios para los cuales se registró.

Protección contra la Confusión: Las marcas registradas protegen contra el uso de marcas similares que puedan causar confusión en el mercado.

Litigios de Marcas Registradas: En caso de infracción de marca registrada, los titulares de marcas pueden presentar demandas en los tribunales para hacer cumplir sus derechos y buscar daños y perjuicios.

Renovación: La protección de una marca registrada generalmente se renueva periódicamente, a menudo cada 10 años, para mantener su validez.

La protección de patentes y marcas registradas en el sistema de Common Law es fundamental para fomentar la innovación, proteger la propiedad intelectual y garantizar la competencia leal en el mercado. Estos derechos proporcionan a los inventores y propietarios de marcas los medios para proteger sus inversiones y evitar el uso no autorizado de sus creaciones y marcas.

12.3 Litigios de propiedad intelectual y resolución de conflictos

Los litigios de propiedad intelectual y la resolución de conflictos son aspectos fundamentales en el sistema legal del Common Law. La propiedad intelectual abarca áreas como patentes, marcas registradas, derechos de autor y secretos comerciales, y los litigios pueden surgir cuando se disputan los derechos sobre estas propiedades intelectuales. A continuación, se explora en detalle cómo se llevan a cabo los litigios de propiedad intelectual y se resuelven los conflictos en el sistema de Common Law.

Inicio del Litigio de Propiedad Intelectual

Demanda Inicial:

El proceso de litigio de propiedad intelectual generalmente comienza cuando un titular de derechos de propiedad intelectual (demandante) presenta una demanda ante el tribunal contra otra parte (demandado) que se cree que ha infringido esos derechos. La demanda inicial debe identificar la propiedad intelectual en cuestión, describir la supuesta infracción y solicitar un remedio específico, como una orden judicial para detener la infracción o una compensación por daños y perjuicios.

Jurisdicción y Foro:

La elección del tribunal en el que se presentará la demanda es crucial. La propiedad intelectual se rige por leyes tanto federales como estatales, y la elección del tribunal puede depender de varios factores, como la ubicación de las partes y la naturaleza de la disputa. Los tribunales federales suelen manejar casos de propiedad intelectual que involucran leyes federales, como patentes y derechos de autor, mientras que los tribunales estatales pueden tratar asuntos relacionados con marcas registradas y secretos comerciales.

Resolución de Conflictos

Proceso de Descubrimiento:

Una vez que se presenta una demanda, ambas partes tienen derecho a recopilar pruebas a través del proceso de descubrimiento. Esto puede incluir solicitudes de documentos, interrogatorios, deposiciones y otras formas de recopilación de pruebas. El descubrimiento es esencial para que ambas partes evalúen la fuerza de su caso y se preparen para el juicio.

Mediación y Arbitraje:

Antes de llegar a juicio, las partes en un litigio de propiedad intelectual pueden optar por participar en métodos alternativos de resolución de conflictos, como la mediación o el arbitraje. La mediación implica la intervención de un mediador neutral que ayuda a las partes a llegar a un acuerdo mutuamente aceptable. El arbitraje implica la presentación de pruebas ante un árbitro neutral que emite una decisión vinculante. Estos métodos pueden ser más rápidos y menos costosos que un juicio completo.

Juicio:

Si las partes no pueden resolver sus diferencias a través de la mediación o el arbitraje, el caso procederá a juicio. En un juicio de propiedad intelectual, ambas partes presentarán pruebas, testigos y argumentos ante un tribunal. El juez o el jurado decidirá el resultado del caso, ya sea emitiendo una orden judicial, otorgando daños y perjuicios o declarando que no hubo infracción.

Apelación:

Después de un juicio, cualquiera de las partes tiene el derecho de apelar la decisión ante una corte de apelaciones si considera que hubo errores legales en el juicio o si está en desacuerdo con el veredicto. Las apelaciones pueden prolongar significativamente el proceso legal.

Remedios en Litigios de Propiedad Intelectual

En casos de propiedad intelectual, los tribunales pueden otorgar varios tipos de remedios, dependiendo de la naturaleza de la infracción y el resultado del litigio:

Injunciones:

Una de las soluciones más comunes en litigios de propiedad intelectual es la emisión de una orden judicial que prohíba al demandado continuar con la infracción. Esto puede ser especialmente relevante en casos de patentes y derechos de autor.

Daños y Perjuicios:

Los tribunales pueden otorgar daños y perjuicios monetarios al demandante como compensación por la infracción de propiedad intelectual. Los daños pueden incluir daños reales (pérdidas sufridas por el demandante debido a la infracción) y daños punitivos (multas adicionales impuestas al demandado como castigo).

Regalías:

En algunos casos, los tribunales pueden ordenar al demandado que pague regalías al demandante por el uso pasado o continuo de la propiedad intelectual.

Decomiso:

En casos graves de infracción, los tribunales pueden ordenar el decomiso de productos o bienes relacionados con la infracción de propiedad intelectual.

Desafíos y Tendencias en Litigios de Propiedad Intelectual

Los litigios de propiedad intelectual enfrentan varios desafíos y están sujetos a tendencias cambiantes en el entorno legal. Algunos de estos desafíos y tendencias incluyen:

Litigación de Patentes:

La litigación de patentes ha sido un área particularmente activa en los últimos años, con disputas entre empresas tecnológicas sobre la validez y la infracción de patentes.

Propiedad Intelectual en Línea:

La proliferación de contenido en línea ha dado lugar a disputas de derechos de autor en sitios web, redes sociales y plataformas de transmisión.

Derechos de Autor en la Música y el Entretenimiento:

La industria de la música y el entretenimiento enfrenta desafíos constantes en relación con la piratería y la distribución ilegal de contenido protegido por derechos de autor.

Protección Internacional:

Con la globalización, la protección de la propiedad intelectual a nivel internacional ha cobrado mayor importancia, y los litigios pueden involucrar múltiples jurisdicciones.

Conclusión

Los litigios de propiedad intelectual y la resolución de conflictos son elementos esenciales en la protección de los derechos de propiedad intelectual en el sistema de Common Law. Estos litigios pueden ser complicados y costosos, pero también son fundamentales para garantizar que los creadores e innovadores puedan proteger sus inversiones y mantener la integridad de sus derechos de propiedad intelectual. La mediación y el arbitraje pueden proporcionar métodos alternativos para resolver disputas de manera eficiente, mientras que los tribunales judiciales siguen siendo una herramienta importante para la resolución de conflictos en casos de propiedad intelectual. Los desafíos y tendencias cambiantes en este campo hacen que sea esencial para las empresas y los individuos comprender y proteger sus derechos de propiedad intelectual en un entorno legal en constante evolución.

12.4 Innovación y tecnología en el contexto del Common Law

La innovación y la tecnología desempeñan un papel significativo en el contexto del Common Law, ya que este sistema legal evoluciona para abordar los desafíos y oportunidades creados por el rápido avance tecnológico. En este ensayo, exploraremos cómo la innovación y la tecnología impactan el Common Law, abordando aspectos como la resolución de disputas tecnológicas, la privacidad en línea, la inteligencia artificial en la toma de decisiones legales y la adaptación del sistema legal a un entorno digital en constante cambio.

Resolución de Disputas Tecnológicas

El avance tecnológico ha llevado a un aumento en las disputas relacionadas con la tecnología, como las infracciones de patentes en la industria de la tecnología, disputas de propiedad intelectual en línea y conflictos sobre datos y ciberseguridad. El sistema de Common Law ha tenido que adaptarse para abordar estas cuestiones, y los tribunales han desarrollado jurisprudencia especializada en tecnología. Además, se han establecido tribunales de patentes y marcas registradas en muchos países para manejar de manera eficiente las disputas relacionadas con la propiedad intelectual y la innovación tecnológica.

Privacidad en Línea y Protección de Datos

La creciente recopilación y procesamiento de datos en línea ha generado preocupaciones sobre la privacidad y la protección de datos. En respuesta, se han implementado leyes y regulaciones de privacidad de datos, como el Reglamento General de Protección de Datos (GDPR) en la Unión Europea. El Common Law ha tenido que adaptarse para abordar estas cuestiones y proteger los derechos de privacidad de las personas en el entorno digital. Los tribunales también han emitido decisiones importantes relacionadas con la privacidad en línea y la interceptación de comunicaciones electrónicas.

Inteligencia Artificial y Toma de Decisiones Legales

La inteligencia artificial (IA) se está utilizando cada vez más en la toma de decisiones legales. Los algoritmos de IA pueden analizar grandes volúmenes de datos legales, ayudar en la investigación legal y predecir resultados legales. Sin embargo, esto plantea preguntas sobre la equidad y la transparencia en la toma de decisiones legales. Los tribunales y legisladores están evaluando cómo se pueden utilizar de manera ética y justa las herramientas de IA en el sistema legal.

Adaptación del Sistema Legal a un Entorno Digital

El Common Law también ha tenido que adaptarse a la creciente digitalización de la sociedad. Los tribunales han permitido la presentación electrónica de documentos legales y han adoptado tecnologías para facilitar audiencias virtuales y videoconferencias. Además, se han implementado sistemas de gestión de casos electrónicos para agilizar los procesos legales y mejorar el acceso a la información legal.

Desafíos y Consideraciones Éticas

A medida que la tecnología avanza, surgen desafíos y consideraciones éticas en el sistema de Common Law. Algunos de estos desafíos incluyen:

122

Privacidad vs. Seguridad

La recopilación masiva de datos y la vigilancia en línea plantean preguntas sobre el equilibrio entre la privacidad individual y la seguridad pública. Los tribunales deben determinar cómo equilibrar estos intereses en casos relacionados con la privacidad en línea y la vigilancia.

Responsabilidad de la IA

A medida que se utilizan más algoritmos de IA en la toma de decisiones legales, surge la pregunta de quién es responsable en caso de decisiones incorrectas o sesgadas. Los tribunales deben considerar cómo abordar la responsabilidad en casos de decisiones automatizadas.

Acceso Digital

El acceso a la tecnología y la conectividad a Internet es fundamental para la participación efectiva en el sistema legal en línea. Los tribunales deben garantizar que todas las partes tengan acceso adecuado a los recursos digitales para garantizar un proceso legal justo.

Ética en la Tecnología Legal

La ética en la tecnología legal es un tema crítico. Los abogados y profesionales legales deben abordar cuestiones éticas relacionadas con el uso de la tecnología en la práctica legal, como la confidencialidad de los datos y la responsabilidad en la toma de decisiones asistida por IA.

Conclusiones

La innovación y la tecnología están transformando el sistema de Common Law en múltiples aspectos, desde la resolución de disputas tecnológicas hasta la protección de la privacidad en línea y la incorporación de la inteligencia artificial en la toma de decisiones legales. A medida que el mundo se vuelve cada vez más digital, el Common Law se adapta para abordar los desafíos y las oportunidades que surgen en este entorno en constante cambio. La ética y la protección de los derechos individuales siguen siendo consideraciones fundamentales en la evolución del sistema legal en la era digital. La interacción entre la ley y la tecnología continuará siendo un tema central en el Common Law en los años venideros.

12.5 Desafíos contemporáneos en el derecho de propiedad intelectual

El derecho de propiedad intelectual enfrenta una serie de desafíos contemporáneos en el entorno legal y tecnológico en constante evolución. Estos desafíos requieren respuestas adaptables y consideraciones éticas para garantizar que la propiedad intelectual siga siendo efectivamente protegida en un mundo globalizado y digital. A continuación, se analizan algunos de los desafíos más relevantes en el derecho de propiedad intelectual en la actualidad:

Piratería y Derechos de Autor en Línea: La piratería en línea, incluyendo la descarga ilegal de música, películas y software, representa un desafío importante para los derechos de autor. Las plataformas de intercambio de archivos y los sitios web de transmisión ilegal pueden socavar la protección de los derechos de autor, lo que resulta en pérdidas significativas para los titulares de derechos. La lucha contra la piratería en línea y la implementación efectiva de medidas de protección de derechos de autor son áreas clave de preocupación.

Propiedad Intelectual en la Era Digital: El rápido avance de la tecnología digital ha creado nuevos desafíos para la protección de la propiedad intelectual. La copia y distribución digital de obras creativas pueden ser difíciles de rastrear y controlar. Además, la proliferación de contenido generado por usuarios en plataformas en línea plantea preguntas sobre la propiedad de los derechos de autor y la responsabilidad de las plataformas en caso de infracción.

Conflictos de Propiedad Intelectual Global: En un mundo globalizado, los conflictos de propiedad intelectual a menudo trascienden las fronteras nacionales. Los tratados internacionales y los acuerdos comerciales juegan un papel importante en la armonización de las leyes de propiedad intelectual entre países, pero las diferencias en las regulaciones y la aplicación de estas leyes pueden dificultar la resolución de disputas a nivel internacional.

Propiedad Intelectual y Bienes Digitales Escasos: La propiedad intelectual tradicionalmente se aplica a bienes escasos, como libros impresos o CD de música. Sin embargo, en la era digital, la reproducción y distribución de copias digitales no escasas plantea preguntas sobre la aplicación de los derechos de propiedad intelectual. La gestión de derechos digitales (DRM) y modelos de negocio innovadores son respuestas a estos desafíos.

Inteligencia Artificial y Creatividad: El uso de la inteligencia artificial en la creación de obras creativas, como música generada por IA o arte digital, plantea cuestiones sobre quién es el titular de los derechos de autor y cómo se atribuye la autoría en tales casos. Además, la automatización en la creación de contenido puede dar lugar a desafíos éticos y legales en términos de originalidad y derechos de autor.

Biotecnología y Propiedad Intelectual: Los avances en biotecnología y genómica plantean desafíos únicos en la protección de la propiedad intelectual, especialmente en relación con patentes de genes y organismos modificados genéticamente. La cuestión de si la vida natural o las secuencias genéticas pueden ser patentadas es objeto de debate y litigios.

Propiedad Intelectual y Acceso a Medicamentos y Vacunas: En el contexto de la salud pública global, los derechos de propiedad intelectual pueden chocar con la necesidad de un acceso equitativo a medicamentos y vacunas. Los debates sobre la flexibilidad de las patentes y la protección de la propiedad intelectual en situaciones de emergencia de salud son ejemplos de estos desafíos.

Ética en la Propiedad Intelectual: La ética desempeña un papel fundamental en la propiedad intelectual, especialmente en lo que respecta a la apropiación cultural, la apropiación indebida de conocimientos tradicionales y la responsabilidad social de las empresas. La consideración de estos aspectos éticos es esencial para garantizar que la propiedad intelectual sea justa y equitativa.

Desafíos de Implementación y Aplicación: A pesar de tener leyes sólidas de propiedad intelectual, la aplicación y la protección efectiva de los derechos de propiedad intelectual pueden ser difíciles en la práctica debido a la falta de recursos, la corrupción y otros obstáculos burocráticos en algunos países.

Educación y Concienciación: A medida que la propiedad intelectual se vuelve más compleja en la era digital, la educación y la concienciación sobre los derechos de propiedad intelectual son esenciales para que las personas comprendan sus derechos y responsabilidades. La falta de conocimiento puede dar lugar a infracciones involuntarias.

En resumen, el derecho de propiedad intelectual se enfrenta a numerosos desafíos contemporáneos en un entorno digital globalizado. La adaptación de las leyes y regulaciones, junto con la consideración de aspectos éticos y sociales, son esenciales para garantizar que la propiedad intelectual siga siendo una herramienta efectiva para proteger la creatividad y la innovación en el siglo XXI.

Capítulo 13:

Derecho de Daños en el Common Law

13.1 Tipos de daños y lesiones en el Common Law

En el sistema de Common Law, existen varios tipos de daños y lesiones que pueden dar lugar a demandas legales. Estos tipos de daños y lesiones se dividen en categorías principales, cada una con sus propios elementos y requisitos legales. A continuación, se describen algunos de los tipos más comunes de daños y lesiones en el Common Law:

Daños Personales:

Lesiones Personales: Las lesiones físicas a una persona, como fracturas, cortes, moretones o quemaduras, pueden dar lugar a reclamaciones por lesiones personales.

Lesiones por Accidentes de Tráfico: Los accidentes de tráfico, incluyendo colisiones de vehículos y accidentes de peatones, pueden causar lesiones graves y dar lugar a demandas por lesiones personales.

Lesiones Laborales: Las lesiones sufridas en el lugar de trabajo, como accidentes de construcción o exposición a sustancias peligrosas, pueden resultar en reclamaciones por lesiones laborales.

Negligencia Médica: Los errores médicos, diagnósticos incorrectos, mala praxis o negligencia por parte de profesionales de la salud pueden causar daños personales y dar lugar a demandas por negligencia médica.

Daños a la Propiedad:

Daños a la Propiedad Real: Los daños a la propiedad inmueble, como edificios, viviendas o terrenos, pueden resultar de accidentes, incendios, inundaciones o negligencia y pueden dar lugar a reclamaciones por daños a la propiedad.

Daños a la Propiedad Personal: Los daños a la propiedad personal, como vehículos, muebles o dispositivos electrónicos, pueden ocurrir debido a accidentes, vandalismo o robo, lo que puede dar lugar a reclamaciones por daños a la propiedad.

Difamación:

Difamación Oral: Las declaraciones falsas y perjudiciales hechas de manera oral a una persona pueden dar lugar a reclamaciones por difamación.

Difamación Escrita: La publicación de declaraciones difamatorias por escrito, como en un artículo de periódico, un libro o en línea, puede dar lugar a demandas por difamación.

Daños Económicos:

Incumplimiento de Contrato: Cuando una de las partes en un contrato no cumple con sus obligaciones, la parte perjudicada puede buscar daños económicos para compensar las pérdidas sufridas.

Competencia Desleal: Las prácticas comerciales desleales, como la apropiación indebida de secretos comerciales o la difamación comercial, pueden causar daños económicos a las empresas y dar lugar a reclamaciones por competencia desleal.

Daños por Productos Defectuosos:

Lesiones por Productos Defectuosos: Los productos defectuosos que causan lesiones o daños a los consumidores pueden dar lugar a demandas por lesiones personales o daños a la propiedad.

Daños Económicos por Productos Defectuosos: Los productos defectuosos que causan pérdidas económicas, como la pérdida de ingresos o daños a la reputación de una empresa, pueden resultar en reclamaciones por daños económicos.

Daños Ambientales:

Contaminación Ambiental: Los daños causados por la contaminación del medio ambiente, como la contaminación del agua, el aire o el suelo, pueden dar lugar a demandas por daños ambientales.

Daños por Mala Praxis Legal:

Mala Praxis Legal: Cuando un abogado o un profesional legal comete errores o actúa de manera negligente en la representación de un cliente, esto puede resultar en daños económicos o legales y dar lugar a reclamaciones por mala praxis legal.

Daños Emocionales y Angustia:

Angustia Emocional: Las acciones negligentes o intencionales que causan angustia emocional severa o daño psicológico pueden dar lugar a demandas por angustia emocional.

Cada uno de estos tipos de daños y lesiones tiene requisitos legales específicos que deben cumplirse para presentar una demanda exitosa en un tribunal de Common Law. Las demandas pueden buscar compensación monetaria por los daños sufridos, la restauración de derechos, la emisión de una orden judicial o una combinación de estos remedios, según la naturaleza de la reclamación. La representación legal adecuada es esencial para navegar por el sistema legal y buscar la compensación adecuada en casos de daños y lesiones en el Common Law.

13.2 Cálculo de indemnizaciones y compensaciones

El cálculo de indemnizaciones y compensaciones en casos legales en el sistema de Common Law puede ser complejo y varía según el tipo de daño o lesión, la jurisdicción y las circunstancias específicas del caso. A continuación, se describen los conceptos generales y los enfoques utilizados para calcular indemnizaciones y compensaciones en diversas situaciones legales:

Daños Personales y Lesiones:

Daños Económicos: Estos incluyen gastos médicos, salarios perdidos debido a la incapacidad para trabajar y gastos futuros previstos relacionados con la lesión. Los cálculos pueden basarse en facturas médicas, recibos y testimonios de expertos.

Dolor y Sufrimiento: Los tribunales pueden otorgar compensación por el dolor físico y emocional causado por la lesión. La cantidad suele ser subjetiva y puede variar según la gravedad de la lesión.

Pérdida de Calidad de Vida: Si la lesión reduce significativamente la calidad de vida de la persona, puede otorgarse una compensación adicional.

Discapacidad a Largo Plazo: En casos de lesiones graves y discapacidades permanentes, se pueden calcular las pérdidas económicas futuras debido a la incapacidad continua.

Daños a la Propiedad:

Costos de Reparación o Reemplazo: En casos de daños a la propiedad, como daños a vehículos o daños a la propiedad real, la compensación se basa en los costos reales de reparación o reemplazo.

Valor de Mercado: Si la propiedad no se puede reparar, se puede otorgar una compensación basada en su valor de mercado en el momento del daño.

Difamación:

Daños Compensatorios: En casos de difamación, los daños compensatorios buscan compensar la pérdida de reputación y pueden basarse en factores como la gravedad de la difamación y el alcance de la publicación difamatoria.

Daños Punitivos: En casos especialmente graves de difamación, se pueden otorgar daños punitivos para castigar al difamador y disuadir futuras difamaciones.

Daños Económicos:

Pérdidas Reales: En casos de incumplimiento de contrato o competencia desleal, la compensación se basa en las pérdidas reales sufridas, como la pérdida de ingresos o la pérdida de negocio.

Beneficios Perdidos: Si se pueden demostrar los beneficios que se habrían obtenido si no hubiera ocurrido la infracción, se pueden calcular y otorgar como compensación.

Daños por Productos Defectuosos:

Costos Médicos: En casos de lesiones causadas por productos defectuosos, se pueden calcular los costos médicos actuales y futuros relacionados con la lesión.

Reemplazo del Producto: Si un producto defectuoso dañó otros bienes personales, se pueden calcular los costos de reemplazo o reparación de esos bienes.

Daños Ambientales:

Costos de Limpieza y Restauración: En casos de daño ambiental, los cálculos suelen incluir los costos de limpieza y restauración del área afectada.

Pérdida de Valor de Propiedad: Si la propiedad ha perdido valor debido a la contaminación ambiental, se puede otorgar compensación por la pérdida de valor.

Daños por Mala Praxis Legal:

Pérdidas Económicas: En casos de mala praxis legal, la compensación se basa en las pérdidas económicas sufridas debido a la negligencia legal, como los honorarios legales adicionales incurridos para corregir errores legales.

Es importante tener en cuenta que en muchos casos, el monto de la compensación es negociado entre las partes antes de llegar a un juicio. Si no se llega a un acuerdo, el tribunal decidirá el monto de la compensación en función de la evidencia presentada y los argumentos legales.

En casos de lesiones personales, algunos estados en los Estados Unidos utilizan sistemas de "seguro sin culpa" que limitan la capacidad de presentar demandas por daños y perjuicios y establecen umbrales para la gravedad de las lesiones antes de que se pueda presentar una demanda. Además, en casos de daños punitivos, el tribunal tiene la discreción de otorgar compensación adicional como castigo al infractor.

En resumen, el cálculo de indemnizaciones y compensaciones en el sistema de Common Law se basa en una evaluación detallada de los daños y pérdidas sufridos por la parte perjudicada. Estos cálculos pueden ser complicados y generalmente requieren la asistencia de expertos legales y económicos para determinar un monto justo y adecuado de compensación.

13.3 Responsabilidad objetiva y subjetiva en casos de daños

En el sistema de Common Law, la responsabilidad por daños y perjuicios puede basarse en dos conceptos principales: responsabilidad objetiva y responsabilidad subjetiva. Estos conceptos determinan quién es responsable y qué se debe probar en un caso de daños. A continuación, se explica la diferencia entre la responsabilidad objetiva y subjetiva en casos de daños en el Common Law:

Responsabilidad Objetiva:

La responsabilidad objetiva, a veces denominada responsabilidad estricta, implica que un demandado puede ser considerado responsable de los daños causados sin tener que demostrar culpa o negligencia. En otras palabras, la responsabilidad objetiva se aplica independientemente de la intención del demandado o de su grado de precaución. Hay varias situaciones en las que se aplica la responsabilidad objetiva:

Responsabilidad por Productos Defectuosos: En casos de productos defectuosos que causan lesiones o daños, el fabricante o el vendedor pueden ser considerados responsables sin necesidad de probar negligencia. Se basa en la idea de que quienes ponen productos en el mercado deben garantizar que sean seguros y cumplan con las expectativas razonables del consumidor.

Responsabilidad por Actividades Peligrosas: En algunas jurisdicciones, ciertas actividades consideradas intrínsecamente peligrosas, como la explosión de materiales inflamables o la tenencia de animales salvajes, pueden dar lugar a responsabilidad objetiva si causan daños.

Responsabilidad de los Propietarios de Tierras: En casos de lesiones o daños que ocurren en la propiedad de alguien, algunos estados tienen leyes de responsabilidad objetiva para propietarios que no mantienen sus propiedades de manera segura.

Responsabilidad por Daños a la Propiedad: En casos de daños a la propiedad causados por eventos como la caída de árboles o la rotura de tuberías, la responsabilidad puede ser objetiva si se demuestra que el evento fue causado por ciertas condiciones preexistentes.

Responsabilidad Subjetiva:

La responsabilidad subjetiva, también conocida como culpa o negligencia, requiere que el demandante demuestre que el demandado actuó de manera negligente o intencionalmente causó daños. En otras palabras, se debe demostrar que el demandado tenía la obligación de actuar con cuidado y no lo hizo, lo que resultó en los daños. Los elementos clave de un caso de responsabilidad subjetiva incluyen:

Deber: El demandado tenía el deber de actuar de manera razonable o cuidadosa en una determinada situación. Este deber puede surgir de una relación contractual o de otras circunstancias.

Incumplimiento del Deber: El demandado no cumplió con su deber al actuar de manera negligente o intencionalmente perjudicial.

Causa: La acción o falta de acción negligente del demandado fue la causa directa de los daños.

Daños: El demandante sufrió daños reales y cuantificables como resultado de la negligencia del demandado.

La distinción entre responsabilidad objetiva y subjetiva es fundamental en la determinación de la responsabilidad en un caso de daños en el sistema de Common Law. En algunos casos, ambos conceptos pueden aplicarse simultáneamente. Por ejemplo, en un caso de accidente automovilístico, la responsabilidad del conductor que causó el accidente puede basarse en su negligencia subjetiva, mientras que la responsabilidad del fabricante del automóvil por un defecto en el vehículo puede ser objetiva.

Es importante destacar que las leyes de responsabilidad civil pueden variar significativamente según la jurisdicción y el tipo de caso.

13.4 Litigios por productos defectuosos en el Common Law

Los litigios por productos defectuosos en el sistema de Common Law son casos legales en los que una persona o entidad busca una compensación o indemnización por lesiones o daños causados por un producto que se considera defectuoso o peligroso. Estos litigios se basan en la teoría de la responsabilidad del fabricante o del vendedor en casos de productos defectuosos.

A continuación, se explican los elementos clave de los litigios por productos defectuosos en el Common Law:

Definición de un Producto Defectuoso:

En un caso de producto defectuoso, se debe demostrar que el producto en cuestión es defectuoso de alguna manera. Los defectos pueden clasificarse en tres categorías principales:

- **Defecto de Fabricación:** Se refiere a un error o problema en la fabricación del producto que lo hace peligroso o inseguro para su uso previsto.
- **Defecto de Diseño:** Ocurre cuando el diseño del producto en sí mismo es defectuoso y hace que todos los productos de esa línea sean potencialmente peligrosos.
- **Falta de Advertencia o Instrucciones Inadecuadas:** Incluye casos en los que un producto es seguro en su diseño y fabricación, pero carece de advertencias adecuadas o instrucciones para su uso seguro.

Lesiones o Daños Causados por el Producto:

- Para presentar una demanda por productos defectuosos, el demandante debe demostrar que sufrió lesiones personales o daños a la propiedad como resultado directo del defecto en el producto. Los daños deben ser reales y cuantificables.

Responsabilidad del Fabricante o Vendedor:

- En casos de productos defectuosos, tanto el fabricante del producto como el vendedor pueden ser considerados responsables. Esto depende de la jurisdicción y de la relación contractual entre las partes. En algunos casos, los distribuidores, minoristas y otros intermediarios también pueden ser incluidos en la demanda.

Teorías de Responsabilidad:

Las teorías de responsabilidad comunes en los litigios por productos defectuosos incluyen:

- **Negligencia:** El demandante debe demostrar que el fabricante o vendedor fue negligente en el diseño, fabricación o comercialización del producto defectuoso.
- **Responsabilidad Estricta o Sin Culpa:** La responsabilidad del fabricante o vendedor se basa en la teoría de que deben garantizar que sus productos sean seguros y cumplan con las expectativas razonables de los consumidores.
- **Incumplimiento de Garantía:** Si el producto tenía garantías explícitas o implícitas y no cumplió con esas garantías, el demandante puede presentar una demanda por incumplimiento de garantía.

Defensa del Fabricante o Vendedor:

Los demandados en casos de productos defectuosos pueden presentar diversas defensas, que incluyen:

- **Uso inadecuado o alteración del producto por parte del demandante:** Si el demandante usó el producto de manera no prevista o lo alteró, esto puede eximir al fabricante o vendedor de responsabilidad.
- **No hay defecto en el producto:** El demandado puede argumentar que el producto no estaba defectuoso o que cumplía con las expectativas razonables del consumidor.
- **Contribución negligente del demandante:** Si el demandante contribuyó a sus propias lesiones debido a su negligencia, esto puede reducir la responsabilidad del demandado.

Compensación y Remedios:

- Si el demandante prevalece en un caso de producto defectuoso, puede ser elegible para recibir compensación por daños económicos y no económicos. Esto puede incluir gastos médicos, salarios perdidos, dolor y sufrimiento, daños a la propiedad y, en algunos casos, daños punitivos para castigar al demandado.

Clases y Demandas Masivas:

- En algunos casos, cuando múltiples personas han sufrido lesiones similares debido a un producto defectuoso, los litigios pueden consolidarse en una clase o demanda masiva, lo que permite que varias víctimas se unan en una única demanda.

Los litigios por productos defectuosos son una parte importante del sistema legal de Common Law y están diseñados para proteger a los consumidores y garantizar que los productos sean seguros y cumplan con los estándares de calidad.

13.5 Perspectivas futuras sobre el derecho de daños en el Common Law

El derecho de daños en el sistema de Common Law continúa evolucionando y adaptándose a medida que cambian las circunstancias sociales, tecnológicas y legales. A medida que avanzamos en el siglo XXI, hay varias perspectivas y tendencias futuras que se pueden anticipar en relación con el derecho de daños en el Common Law:

- Avances Tecnológicos y Responsabilidad Civil:

El avance de la tecnología, como la inteligencia artificial, la robótica y la conducción autónoma, plantea preguntas importantes sobre la responsabilidad civil en caso de accidentes o daños causados por máquinas y sistemas automatizados. Los tribunales y legisladores deberán abordar cómo asignar la responsabilidad en estos casos.

- Protección de Datos y Privacidad:

El crecimiento de la recopilación y el uso de datos personales plantea cuestiones de responsabilidad en casos de violaciones de datos y privacidad. Las demandas relacionadas con la filtración de datos y la falta de protección de la privacidad pueden volverse más comunes.

- Responsabilidad por Cambio Climático:

A medida que las preocupaciones sobre el cambio climático aumentan, es posible que surjan demandas por daños relacionados con eventos climáticos extremos y daños ambientales. Las empresas y gobiernos podrían enfrentar litigios relacionados con la responsabilidad por contribuir al cambio climático.

- Responsabilidad de Plataformas en Línea:

Las plataformas en línea, como las redes sociales y los mercados en línea, enfrentan desafíos legales relacionados con la difamación, la infracción de derechos de autor y la distribución de contenido ilegal o perjudicial. La responsabilidad de estas plataformas por el contenido que alojan seguirá siendo un tema importante.

- Responsabilidad Corporativa:

La responsabilidad de las grandes empresas por daños ambientales, abusos laborales y otros problemas éticos está en constante escrutinio. Los tribunales pueden verse más dispuestos a responsabilizar a las corporaciones por conductas perjudiciales.

- Responsabilidad por Daños de Salud Pública:

Eventos de salud pública, como pandemias, pueden plantear preguntas sobre la responsabilidad de los gobiernos, las empresas y las instituciones de atención médica en caso de daños relacionados con la salud pública. La responsabilidad por la gestión de crisis de salud podría ser un tema importante.

- Responsabilidad Ambiental:

A medida que las preocupaciones ambientales se intensifican, es probable que los litigios relacionados con daños ambientales y la responsabilidad de las empresas y los gobiernos aumenten. Los casos relacionados con la contaminación del agua, el aire y el suelo seguirán siendo relevantes.

- Litigios Transfronterizos:

A medida que las empresas y las actividades económicas se vuelven más globales, pueden surgir desafíos en la determinación de la jurisdicción y la aplicación de la ley en casos de daños transfronterizos. Los tribunales deberán abordar cuestiones de competencia y reconocimiento de decisiones extranjeras.

- Mayor Énfasis en la Resolución Alternativa de Disputas (ADR):

Se espera que el uso de métodos de resolución alternativa de disputas, como la mediación y el arbitraje, continúe creciendo como una alternativa a los litigios tradicionales en el sistema de Common Law. Esto puede ofrecer ventajas en términos de rapidez y eficiencia.

- Énfasis en la Responsabilidad Corporativa y Social:

La responsabilidad corporativa y social se ha vuelto una preocupación importante para las empresas y la sociedad en general. Se espera que las empresas sean más conscientes de su impacto en la sociedad y se esfuercen por prevenir daños y litigios relacionados.

En resumen, el derecho de daños en el Common Law está en constante evolución para adaptarse a los desafíos cambiantes del mundo moderno. Las perspectivas futuras sugieren que las cuestiones relacionadas con la tecnología, la privacidad, el medio ambiente, la responsabilidad corporativa y otros temas emergentes serán áreas clave de desarrollo y litigación en el sistema legal de Common Law. Los tribunales y los legisladores deberán abordar estos desafíos de manera efectiva para garantizar un sistema legal justo y equitativo.

Capítulo 14:

Derecho Constitucional y el Common Law

14.1 La influencia de la Constitución en el sistema de Common Law

La influencia de la Constitución en el sistema de Common Law es un tema fundamental en la jurisprudencia y la práctica legal de los países que siguen este sistema legal. Aunque el Common Law se caracteriza por la jurisprudencia y los precedentes judiciales, la Constitución desempeña un papel esencial en la estructura y el funcionamiento del sistema legal. Aquí se exploran las formas en que la Constitución influye en el Common Law:

- Supremacía Constitucional:

En los países con sistemas de Common Law, la Constitución es la ley suprema. Esto significa que ninguna ley, regla o acto legislativo puede ser válido si entra en conflicto con la Constitución. Los tribunales tienen la autoridad para declarar inconstitucionales las leyes que violen la Constitución.

- Interpretación Constitucional:

Los tribunales tienen la responsabilidad de interpretar la Constitución y determinar su aplicación en casos específicos. Esto incluye la interpretación de los derechos fundamentales y las limitaciones impuestas al poder del gobierno. La interpretación constitucional es un aspecto fundamental de la jurisprudencia de Common Law.

- Protección de Derechos Fundamentales:

La Constitución de muchos países de Common Law incluye una Carta de Derechos o una Declaración de Derechos que garantiza derechos fundamentales, como la libertad de expresión, la libertad de religión, el debido proceso y la igualdad ante la ley. Los tribunales están encargados de proteger y aplicar estos derechos, a menudo a través de la revisión judicial.

- Control de Constitucionalidad:

En países como los Estados Unidos, los tribunales tienen la autoridad de realizar el control de constitucionalidad, lo que significa que pueden revisar y anular leyes que violen la Constitución. Este poder de revisión judicial es una parte esencial del sistema de pesos y contrapesos.

- Desarrollo de la Doctrina Constitucional:

A lo largo del tiempo, los tribunales desarrollan una doctrina constitucional que establece cómo se aplican los principios constitucionales en casos concretos. Esta doctrina se convierte en parte de la jurisprudencia y puede influir en futuros casos.

- Separación de Poderes:

La Constitución establece la estructura del gobierno y la separación de poderes entre los poderes ejecutivo, legislativo y judicial. Los tribunales, como parte del poder judicial, desempeñan un papel clave en verificar y equilibrar los poderes del gobierno.

- Establecimiento de Cortes Superiores:

La Constitución a menudo establece la existencia y la autoridad de las cortes superiores, como la Corte Suprema. Estas cortes tienen la responsabilidad de tomar decisiones finales sobre cuestiones constitucionales y legales fundamentales.

- Enmiendas Constitucionales:

La Constitución también establece los procedimientos para realizar enmiendas constitucionales. Esto permite que la Constitución evolucione con el tiempo para reflejar los cambios en la sociedad y las necesidades políticas.

- Protección de la Estructura Federal:

En países con estructuras federales, como Estados Unidos, la Constitución establece la división de poderes entre el gobierno federal y los estados. Esto tiene un impacto significativo en la jurisdicción y las responsabilidades de los tribunales.

- Establecimiento de Jurisdicción y Competencia de Tribunales:

La Constitución también puede establecer la jurisdicción y la competencia de los tribunales federales y estatales. Define qué tipos de casos pueden ser escuchados por los tribunales y cómo se relacionan entre sí.

En resumen, la Constitución desempeña un papel fundamental en la configuración y el funcionamiento del sistema de Common Law. Proporciona la base legal y normativa sobre la cual se construye la jurisprudencia y se toman decisiones judiciales. Además, garantiza la protección de los derechos fundamentales y establece límites al poder del gobierno, lo que contribuye a la preservación de un estado de derecho y la justicia en la sociedad. La relación entre la Constitución y el Common Law es esencial para garantizar un sistema legal equitativo y coherente.

14.2 Protección de derechos individuales en la jurisprudencia constitucional

La protección de los derechos individuales en la jurisprudencia constitucional es un principio fundamental en las democracias que siguen el sistema de Common Law. La jurisprudencia constitucional se refiere a la interpretación y aplicación de la Constitución por parte de los tribunales, especialmente en lo que respecta a la protección de los derechos fundamentales de los ciudadanos. A continuación, se destacan algunos aspectos clave de la protección de derechos individuales en la jurisprudencia constitucional:

- Interpretación Amplia de Derechos Fundamentales:

En la jurisprudencia constitucional, los tribunales tienden a interpretar los derechos fundamentales de manera amplia y generosa. Esto significa que se esfuerzan por dar un alcance amplio a los derechos individuales en lugar de restringirlos. Esta interpretación se basa en la idea de que los derechos fundamentales deben ser protegidos de manera efectiva.

- Prueba de Proporcionalidad:

Los tribunales a menudo aplican una prueba de proporcionalidad para evaluar si una restricción o limitación a un derecho individual es justificada. Esta prueba involucra la consideración de si la restricción es necesaria para alcanzar un objetivo legítimo y si el daño causado por la restricción es proporcional al objetivo perseguido.

- Control de Constitucionalidad:

Los tribunales constitucionales tienen la autoridad para realizar el control de constitucionalidad, lo que significa que pueden revisar y anular leyes o acciones gubernamentales que violen derechos constitucionales. Esto es esencial para garantizar que las leyes sean coherentes con la Constitución y que no violen los derechos individuales.

- Revisión Judicial:

Los tribunales tienen la responsabilidad de revisar y evaluar la legalidad de las acciones gubernamentales y las leyes en relación con los derechos individuales. Esta revisión judicial asegura que las decisiones gubernamentales sean coherentes con la Constitución.

- Cartas de Derechos o Declaraciones de Derechos:

Muchas Constituciones en países de Common Law incluyen una Carta de Derechos o una Declaración de Derechos que enumera específicamente los derechos individuales,

138

como la libertad de expresión, la libertad de religión, el derecho a un juicio justo y la igualdad ante la ley. Los tribunales se basan en estos documentos para proteger estos derechos.

- Precedentes y Jurisprudencia:

Los tribunales a menudo se basan en precedentes y decisiones anteriores para interpretar y aplicar los derechos individuales. La jurisprudencia acumulada a lo largo del tiempo contribuye a la coherencia en la protección de derechos.

- Remedios y Compensación:

Cuando los tribunales encuentran que se han violado los derechos individuales, pueden otorgar remedios legales que incluyen la restitución de derechos, la compensación por daños y perjuicios y la orden de dejar de infringir los derechos.

- Educación y Concientización:

Los tribunales a menudo desempeñan un papel educativo y de concienciación al emitir decisiones que destacan la importancia de los derechos individuales y sus implicaciones. Esto ayuda a la sociedad a comprender y valorar sus derechos.

- Equilibrio entre Derechos Conflictivos:

En ocasiones, los tribunales se enfrentan a casos en los que los derechos individuales entran en conflicto entre sí o con otros intereses legítimos. En tales situaciones, los tribunales deben equilibrar estos derechos y tomar decisiones que busquen un equilibrio justo.

- Evolución y Cambio:

La jurisprudencia constitucional no es estática y puede evolucionar con el tiempo para adaptarse a los cambios sociales y culturales. Los tribunales a menudo enfrentan nuevos desafíos y cuestiones que requieren una adaptación de la interpretación de los derechos individuales.

En resumen, la protección de derechos individuales en la jurisprudencia constitucional es un pilar esencial del sistema de Common Law. Los tribunales constitucionales desempeñan un papel crucial al garantizar que los derechos fundamentales de los ciudadanos sean respetados y protegidos, y su interpretación y aplicación amplia contribuye a la preservación de un estado de derecho justo y equitativo.

14.3 Separación de poderes y control judicial

La separación de poderes y el control judicial son conceptos fundamentales en las democracias que siguen el sistema de Common Law. Estos principios son esenciales para garantizar un gobierno equitativo, justo y que respete el estado de derecho. Aquí se describen cómo funcionan y se relacionan la separación de poderes y el control judicial:

Separación de Poderes:

La separación de poderes es un principio político y constitucional que se basa en la idea de dividir el gobierno en tres ramas independientes y coiguales: el poder ejecutivo, el poder legislativo y el poder judicial. Estas tres ramas tienen roles y responsabilidades distintos:

1. **Poder Ejecutivo:** Este poder se encarga de implementar y ejecutar las leyes. Generalmente, está liderado por el jefe de estado o el presidente y su administración. El ejecutivo es responsable de tomar decisiones políticas y administrativas.

2. **Poder Legislativo:** El poder legislativo se encarga de la creación de leyes. En la mayoría de los sistemas democráticos, esto se logra a través de un cuerpo legislativo, como un parlamento o un congreso. Los legisladores representan al pueblo y tienen la autoridad para aprobar, modificar o derogar leyes.

3. **Poder Judicial:** El poder judicial es responsable de interpretar y aplicar las leyes. Los tribunales y jueces son los encargados de resolver disputas legales, garantizar el cumplimiento de las leyes y proteger los derechos individuales. Tienen el poder de revisar la constitucionalidad de las leyes y tomar decisiones judiciales.

Control Judicial:

El control judicial se refiere al papel de los tribunales, en particular, de los tribunales superiores y, en algunos casos, de las cortes constitucionales, para supervisar y revisar las acciones del poder ejecutivo y legislativo para garantizar que sean consistentes con la Constitución y el estado de derecho. Aquí se explican los aspectos clave del control judicial:

1. **Revisión de Constitucionalidad:** Los tribunales tienen la autoridad para revisar y declarar inconstitucionales leyes y acciones gubernamentales que violen la Constitución. Esta revisión se basa en el principio de supremacía constitucional, que establece que la Constitución es la ley suprema y ninguna otra ley puede entrar en conflicto con ella.

140

2. **Protección de Derechos Individuales:** Los tribunales desempeñan un papel crucial en la protección de los derechos individuales. Pueden emitir órdenes judiciales para detener violaciones de derechos fundamentales y otorgar remedios a personas que hayan sufrido daños.

3. **Control de Actos Administrativos:** Los tribunales también pueden revisar y anular decisiones y actos administrativos del poder ejecutivo para asegurarse de que se ajusten a la ley y a los procedimientos establecidos.

4. **Garantía de Estado de Derecho:** El control judicial garantiza que el gobierno actúe dentro de los límites legales y no ejerza un poder arbitrario o ilegal. Esto contribuye a mantener el estado de derecho y la rendición de cuentas gubernamental.

5. **Protección de las Minorías:** Los tribunales a menudo desempeñan un papel clave en la protección de los derechos de las minorías, asegurando que sus derechos no sean vulnerados por las mayorías o el gobierno.

En resumen, la separación de poderes y el control judicial son componentes esenciales de la estructura de gobierno en las democracias basadas en el sistema de Common Law. La división de poderes evita la concentración excesiva de autoridad en una sola rama del gobierno, mientras que el control judicial garantiza que todas las ramas del gobierno actúen dentro de los límites de la Constitución y respeten los derechos individuales. Juntos, estos principios contribuyen a un gobierno equitativo y democrático.

14.4 La evolución de las interpretaciones constitucionales

La evolución de las interpretaciones constitucionales es un aspecto fundamental en el sistema de Common Law y en cualquier sistema legal que se base en una Constitución escrita. Esta evolución refleja la adaptación de los principios constitucionales a los cambios sociales, culturales, políticos y legales a lo largo del tiempo. Aquí se describen algunos aspectos clave de la evolución de las interpretaciones constitucionales:

- Interpretación Originalista:

Algunos juristas y jueces defienden la interpretación originalista de la Constitución, que busca entender el significado de los términos y cláusulas constitucionales tal como se entendían en el momento en que se redactó la Constitución. Este enfoque tiende a ser conservador y se basa en la intención original de los redactores de la Constitución.

141

- Interpretación Evolutiva o Dinámica:

Otros abogan por una interpretación más evolutiva o dinámica de la Constitución. Este enfoque considera que la Constitución es un documento vivo que debe adaptarse a las cambiantes circunstancias sociales y culturales. Se argumenta que los principios constitucionales deben ser reinterpretados a la luz de los valores contemporáneos.

- Precedentes y Decisiones Judiciales:

A lo largo del tiempo, los tribunales emiten decisiones que contribuyen a la evolución de las interpretaciones constitucionales. Los casos emblemáticos y las decisiones judiciales establecen precedentes que guían futuras interpretaciones. Los tribunales superiores a menudo revisan y ajustan la jurisprudencia constitucional.

- Cambio Social y Cultural:

Los cambios en la sociedad y la cultura pueden influir en la interpretación de la Constitución. Por ejemplo, la evolución de las actitudes hacia los derechos civiles, la igualdad de género, la libertad de expresión y otros temas sociales puede llevar a una reinterpretación de los principios constitucionales.

- Legislación y Enmiendas Constitucionales:

La legislación y las enmiendas a la Constitución también pueden influir en las interpretaciones constitucionales. Las nuevas leyes y enmiendas pueden abordar cuestiones específicas y requerir interpretaciones específicas por parte de los tribunales.

- Desarrollo Tecnológico:

Los avances tecnológicos pueden plantear nuevas cuestiones legales que requieran una reinterpretación de la Constitución. Por ejemplo, la privacidad en la era digital y los derechos relacionados con la tecnología de comunicación han sido temas de debate en la jurisprudencia constitucional reciente.

- Cambios Políticos y Políticas Gubernamentales:

Los cambios en la composición política de los gobiernos y las políticas gubernamentales pueden influir en la interpretación de la Constitución. Los tribunales pueden desempeñar un papel en la revisión de políticas gubernamentales y la protección de los derechos individuales.

- Opinión Pública y Movimientos Sociales:

La opinión pública y los movimientos sociales pueden presionar por cambios en la interpretación constitucional. Los tribunales a menudo están atentos a los cambios en la percepción pública de los problemas legales y los derechos.

- Comparación Internacional:

La comparación con otros sistemas legales y las normas internacionales también puede influir en las interpretaciones constitucionales. Los tribunales pueden considerar estándares internacionales de derechos humanos al tomar decisiones.

En resumen, la evolución de las interpretaciones constitucionales es una característica inherente al sistema de Common Law y a la adaptación de los principios constitucionales a un mundo en constante cambio. Los tribunales, a través de su jurisprudencia, desempeñan un papel fundamental en esta evolución al garantizar que la Constitución se aplique de manera coherente y relevante a las circunstancias actuales. Este proceso dinámico es esencial para mantener la vigencia y la efectividad de un sistema legal constitucional.

14.5 Desafíos contemporáneos en el Derecho Constitucional del Common Law

El Derecho Constitucional del Common Law enfrenta una serie de desafíos contemporáneos que requieren una respuesta y adaptación continuas para garantizar su relevancia y eficacia en un mundo en constante cambio. Algunos de los desafíos más destacados incluyen:

Tecnología y Privacidad: El avance tecnológico plantea cuestiones de privacidad y vigilancia que no estaban previstas en las constituciones originales. Los tribunales deben abordar cómo aplicar principios constitucionales, como la Cuarta Enmienda de los Estados Unidos, a la recopilación masiva de datos y la vigilancia digital.

Derechos de las Minorías: La protección de los derechos de las minorías, incluidos los derechos de género, étnicos, religiosos y de orientación sexual, sigue siendo un desafío importante. Los tribunales deben garantizar la igualdad y la no discriminación en un mundo cada vez más diverso.

Inmigración y Derecho de Refugio: Los problemas relacionados con la inmigración y el derecho de refugio plantean desafíos constitucionales, especialmente en lo que respecta a los derechos de las personas que buscan asilo y refugio.

Seguridad Nacional y Libertades Civiles: En un contexto de seguridad nacional, los tribunales deben equilibrar la necesidad de mantener la seguridad con la protección de las libertades civiles. Esto incluye cuestiones relacionadas con la detención indefinida, la vigilancia y el acceso a la información gubernamental.

Cambio Climático y Medio Ambiente: El cambio climático y la degradación ambiental plantean cuestiones constitucionales relacionadas con el derecho a un ambiente saludable y la responsabilidad del gobierno en la protección del medio ambiente.

Desafíos de Salud Pública: Eventos como pandemias pueden requerir respuestas gubernamentales urgentes que pueden afectar las libertades individuales. Los tribunales deben equilibrar la salud pública con los derechos individuales en situaciones de crisis.

Democracia y Elecciones: Las preocupaciones sobre la interferencia extranjera en elecciones y la integridad del proceso electoral han llevado a desafíos constitucionales relacionados con el sistema electoral y la libertad de expresión.

Terrorismo y Derechos Humanos: La lucha contra el terrorismo plantea preguntas sobre la detención de sospechosos, el uso de la tortura y las garantías procesales, lo que pone a prueba los principios constitucionales de los derechos humanos.

Cambio en la Composición de los Tribunales: Las nominaciones y la composición de los tribunales superiores pueden influir en la interpretación y aplicación de la Constitución. La politización de los nombramientos puede afectar la independencia judicial.

Desafíos Globales: Los problemas globales, como la migración masiva, el crimen transnacional y el comercio internacional, requieren una cooperación y coordinación legal a nivel internacional, lo que plantea desafíos para la soberanía y la aplicación de la Constitución.

Cambios en la Opinión Pública: Los cambios en la opinión pública sobre temas como el matrimonio entre personas del mismo sexo, la legalización de la marihuana y la reforma de la justicia penal pueden influir en la interpretación constitucional.

Legislación Emergente: Las nuevas leyes y regulaciones relacionadas con la tecnología, la inteligencia artificial, la biotecnología y otros campos emergentes requieren una interpretación constitucional actualizada.

Acceso a la Justicia: Garantizar un acceso igualitario a la justicia y la representación legal efectiva sigue siendo un desafío importante para el sistema legal.

En resumen, el Derecho Constitucional del Common Law se enfrenta a una serie de desafíos contemporáneos que demandan una adaptación continua y una reflexión profunda por parte de los tribunales y los legisladores. La capacidad de abordar estos desafíos de manera efectiva es esencial para garantizar que los principios constitucionales sigan siendo relevantes y efectivos en la protección de los derechos y libertades de los ciudadanos.

Capítulo 15:

Derecho Internacional y el Common Law

15.1 Common Law en el ámbito del Derecho Internacional

El Common Law también tiene un papel importante en el ámbito del Derecho Internacional, especialmente en aquellos países que siguen este sistema legal y participan activamente en asuntos internacionales. A continuación, se exploran algunas de las áreas en las que el Common Law influye en el Derecho Internacional:

Jurisdicción Internacional: Los tribunales de Common Law a menudo se enfrentan a casos que involucran cuestiones de jurisdicción internacional. Esto incluye casos de derecho internacional público, como disputas territoriales, derechos humanos y tratados internacionales.

Derechos Humanos: Los países de Common Law suelen tener sistemas legales que enfatizan la protección de los derechos individuales. Esto se refleja en su enfoque en los derechos humanos a nivel internacional y su participación en tratados y acuerdos internacionales relacionados con estos derechos.

Tribunales Internacionales: Varios tribunales y organismos internacionales, como la Corte Internacional de Justicia (CIJ) y la Corte Penal Internacional (CPI), funcionan según principios y procedimientos que son consistentes con el Common Law. Los jueces y abogados de Common Law a menudo participan en estos tribunales.

Derecho de los Tratados: El Derecho de los Tratados, que rige la formación, interpretación y aplicación de tratados internacionales, a menudo refleja principios derivados del Common Law. La interpretación de los tratados internacionales se basa en la práctica común y la jurisprudencia.

Derecho Marítimo y Ambiental: En asuntos relacionados con el derecho marítimo y el derecho ambiental internacional, los principios de Common Law, como la jurisprudencia sobre la zona económica exclusiva (ZEE) y la responsabilidad por daños ambientales, son relevantes.

Arbitraje Internacional: El arbitraje internacional es un mecanismo común para resolver disputas comerciales y contractuales entre partes de diferentes países. Los tribunales de Common Law a menudo se utilizan como foros de arbitraje y siguen sus procedimientos y reglas.

Responsabilidad de los Estados: El Derecho Internacional Público regula la responsabilidad de los estados por actos ilegales. Los principios de Common Law,

146

como la noción de responsabilidad objetiva, pueden influir en la interpretación de las obligaciones de los estados en el ámbito internacional.

Derecho Comercial Internacional: En el ámbito del comercio internacional, las transacciones comerciales y los contratos a menudo siguen principios de Common Law en lo que respecta a la formación y el cumplimiento de acuerdos comerciales.

Derecho de Inversiones: Los tratados de inversión y los mecanismos de resolución de disputas inversor-Estado a menudo incorporan principios y normas derivados del Common Law.

Derecho de Refugio y Asilo: La interpretación de los tratados internacionales sobre refugio y asilo, como la Convención de Refugiados de 1951, se basa en principios de Common Law en cuanto a la interpretación y aplicación de los requisitos de asilo.

En resumen, el Common Law tiene una influencia significativa en el ámbito del Derecho Internacional, tanto en la práctica como en la jurisprudencia. Los países que siguen el sistema de Common Law a menudo contribuyen activamente a la elaboración y aplicación del Derecho Internacional, y los principios derivados de este sistema desempeñan un papel crucial en la resolución de disputas y la promoción de los derechos humanos y la justicia a nivel global.

15.2 La relación entre el Common Law y el Derecho Internacional

La relación entre el Common Law y el Derecho Internacional es compleja y multifacética, ya que ambos sistemas legales interactúan en varios niveles. A continuación, se exploran los aspectos clave de esta relación:

Fuentes Comunes de Derecho Internacional: El Common Law y el Derecho Internacional comparten algunas fuentes comunes, como la costumbre internacional y los tratados. Los tribunales de Common Law a menudo se basan en estas fuentes para resolver casos relacionados con asuntos internacionales.

Incorporación de Normas Internacionales: Los países de Common Law suelen incorporar normas internacionales en su derecho interno a través de la legislación y la jurisprudencia. Esto puede incluir la implementación de tratados internacionales en la ley nacional.

Precedentes Internacionales: Los tribunales de Common Law pueden considerar precedentes de tribunales internacionales, como la Corte Internacional de Justicia (CIJ) o la Corte Penal Internacional (CPI), al tomar decisiones en casos que involucran cuestiones de Derecho Internacional. Estos precedentes pueden influir en la interpretación de las leyes nacionales.

Aplicación de Tratados Internacionales: Los tratados internacionales que han sido ratificados por un país de Common Law se consideran parte de la ley nacional y son vinculantes para los tribunales nacionales. Los tribunales de Common Law tienen la responsabilidad de interpretar y aplicar estos tratados.

Arbitraje Internacional: El arbitraje internacional es un método común para resolver disputas comerciales y de inversión entre partes de diferentes países. Los tribunales de Common Law a menudo se utilizan como foros de arbitraje y aplican principios de Common Law en el proceso.

Derechos Humanos y Common Law: Los países de Common Law suelen ser signatarios de tratados internacionales de derechos humanos, y los tribunales nacionales a menudo interpretan y aplican estas normas en casos que involucran derechos humanos. Esto puede incluir la revisión de decisiones gubernamentales y la protección de los derechos individuales en virtud del Derecho Internacional de los Derechos Humanos.

Jurisdicción Extraterritorial: En ocasiones, los tribunales de Common Law pueden ejercer jurisdicción extraterritorial para enjuiciar crímenes internacionales, como genocidio o crímenes de guerra, en virtud de leyes nacionales que incorporan principios de Derecho Internacional.

Caso de Derecho Comparado: Los tribunales de Common Law a veces utilizan jurisprudencia extranjera, incluida la de otros países de Common Law, como referencia para resolver casos internacionales o de Derecho Internacional.

Resolución de Disputas Internacionales: Los abogados y jueces de Common Law a menudo desempeñan un papel clave en la resolución de disputas internacionales, ya sea representando a sus gobiernos en litigios internacionales o actuando como árbitros en casos internacionales.

Relaciones Exteriores y Política Exterior: Los sistemas de Common Law pueden influir en la forma en que los países gestionan sus relaciones exteriores y su política exterior, especialmente en términos de cumplimiento de tratados y acuerdos internacionales.

En resumen, la relación entre el Common Law y el Derecho Internacional es dinámica y variada. Los principios y prácticas derivados del Common Law a menudo se aplican en el contexto internacional, y los tribunales y profesionales de Common Law desempeñan un papel activo en la promoción y aplicación del Derecho Internacional en los asuntos nacionales e internacionales. Esta interacción contribuye a la coherencia y la efectividad del sistema legal a nivel global.

15.3 Tratados y acuerdos internacionales en el sistema de Common Law

Los tratados y acuerdos internacionales desempeñan un papel fundamental en el sistema de Common Law, ya que afectan directamente la jurisprudencia y la aplicación de la ley en los países que siguen este sistema legal. A continuación, se explorará cómo los tratados y acuerdos internacionales se incorporan y aplican en el sistema de Common Law, destacando su importancia y los mecanismos utilizados para su implementación.

Incorporación de Tratados y Acuerdos Internacionales en el Common Law

Ratificación y Adopción: La incorporación de un tratado o acuerdo internacional en el sistema de Common Law comienza con la ratificación o adopción del tratado por parte del gobierno del país. La ratificación implica que el gobierno acepta oficialmente las disposiciones del tratado y se compromete a cumplirlas. Una vez ratificado, el tratado se convierte en parte del derecho internacional del país.

Transformación en Derecho Interno: En el sistema de Common Law, un tratado internacional no se convierte automáticamente en ley nacional. Por lo general, se requiere un proceso legislativo para transformar las obligaciones del tratado en ley interna. Esto puede implicar la aprobación de una legislación específica que implementa las disposiciones del tratado en el derecho interno.

Principio de Dualismo: La mayoría de los países de Common Law siguen el principio de dualismo, que establece que el derecho internacional y el derecho nacional son sistemas separados. Esto significa que, aunque un tratado esté ratificado y sea parte del derecho internacional del país, no tiene fuerza de ley en el ámbito nacional hasta que se haya incorporado mediante legislación nacional.

Reservas y Declaraciones Interpretativas: Al ratificar un tratado, un país de Common Law puede incluir reservas o declaraciones interpretativas que modifiquen o aclaren su compromiso en virtud del tratado. Estas reservas y declaraciones pueden afectar la forma en que se aplica el tratado en el ámbito nacional.

Importancia de los Tratados y Acuerdos Internacionales en el Common Law

Los tratados y acuerdos internacionales desempeñan un papel crucial en el sistema de Common Law por varias razones:

Fuente de Obligaciones Legales: Una vez que un tratado se ha incorporado al derecho interno, sus disposiciones se convierten en leyes vinculantes en el país. Esto significa que las obligaciones establecidas en el tratado deben ser respetadas y cumplidas en el ámbito nacional.

149

Protección de Derechos Humanos: Muchos tratados internacionales están relacionados con la protección de los derechos humanos. Los países de Common Law suelen incorporar tratados de derechos humanos en su legislación nacional, lo que permite a los ciudadanos invocar estos derechos en los tribunales nacionales.

Arbitraje y Resolución de Disputas: Los tratados internacionales a menudo contienen cláusulas de solución de controversias que permiten a las partes recurrir a la resolución de disputas internacionales o a tribunales de arbitraje. Los tribunales de Common Law pueden ser utilizados como foros para resolver disputas en virtud de estos tratados.

Comercio Internacional: Los tratados comerciales internacionales son esenciales en el comercio internacional. Los países de Common Law suelen celebrar acuerdos comerciales que regulan el intercambio de bienes y servicios. Estos acuerdos pueden tener un impacto significativo en la legislación y las regulaciones comerciales nacionales.

Derecho Ambiental: Los tratados y acuerdos internacionales relacionados con el medio ambiente son fundamentales para abordar cuestiones globales como el cambio climático y la conservación de la biodiversidad. Los países de Common Law a menudo implementan disposiciones ambientales en su legislación nacional en virtud de estos tratados.

Ejemplos de Tratados y Acuerdos Relevantes

Para comprender mejor la aplicación de tratados y acuerdos internacionales en el sistema de Common Law, es útil considerar ejemplos específicos:

- Convención de las Naciones Unidas sobre los Derechos del Niño (CRC): Ratificada por numerosos países de Common Law, la CRC establece derechos fundamentales para los niños y niñas. Estos derechos se incorporan en la legislación nacional y pueden invocarse en los tribunales de Common Law en casos que involucran a menores.

- Acuerdo de Libre Comercio de América del Norte (TLCAN/USMCA): Este acuerdo comercial, que involucra a Canadá, Estados Unidos y México, ha sido un componente clave del comercio internacional en la región de América del Norte. Las disposiciones del acuerdo afectan directamente a la legislación y la regulación comerciales en los países de Common Law involucrados.

- Convención de Ginebra sobre el Estatuto de los Refugiados: Los países de Common Law han ratificado esta convención, que establece los derechos y obligaciones de los refugiados y los Estados receptores. La legislación nacional incorpora disposiciones de asilo basadas en esta convención.

- Acuerdo de París sobre el Cambio Climático: Este acuerdo internacional establece compromisos para abordar el cambio climático. Los países de Common Law han adoptado medidas y legislación nacional para cumplir con sus obligaciones en virtud de este acuerdo.

Conclusión

Los tratados y acuerdos internacionales tienen un impacto significativo en el sistema de Common Law al establecer obligaciones legales que deben cumplirse a nivel nacional. Aunque la implementación de estos tratados en el derecho interno puede requerir un proceso legislativo, su influencia es innegable en áreas que van desde los derechos humanos y el comercio internacional hasta el medio ambiente. La interacción entre el Common Law y el derecho internacional a través de los tratados y acuerdos es un ejemplo destacado de cómo los sistemas legales nacionales se entrelazan con las normas y compromisos internacionales para abordar cuestiones globales y garantizar el Estado de derecho.

15.4 Arbitraje y resolución de disputas internacionales

El arbitraje y la resolución de disputas internacionales son componentes fundamentales en la solución de conflictos entre actores internacionales, ya sean estados, organizaciones internacionales o entidades privadas. Estos procesos ofrecen una alternativa a la litigación en tribunales nacionales y son una herramienta esencial en el ámbito del derecho internacional.

A continuación, se explorarán en detalle el arbitraje y la resolución de disputas internacionales, incluyendo su importancia, procedimientos y ejemplos relevantes.

Importancia del Arbitraje
y la Resolución de Disputas Internacionales

El arbitraje y la resolución de disputas internacionales son cruciales por varias razones:

Eficiencia: El arbitraje internacional a menudo es más rápido y eficiente que la litigación en tribunales nacionales. Las partes pueden elegir árbitros especializados y establecer plazos para resolver la disputa de manera oportuna.

Neutralidad: Los tribunales de arbitraje internacional suelen estar compuestos por expertos imparciales y respetados en el campo del derecho internacional. Esto garantiza una resolución justa y neutral de la disputa.

Confidencialidad: El arbitraje internacional generalmente se lleva a cabo de manera confidencial, lo que permite a las partes mantener en privado los detalles de la disputa, en contraste con los procedimientos judiciales públicos.

Flexibilidad: Las partes pueden adaptar el proceso de arbitraje a sus necesidades específicas, seleccionando el lugar de arbitraje, los árbitros y las reglas aplicables.

Cumplimiento de Decisiones: Los laudos arbitrales suelen ser ampliamente respetados y ejecutables en virtud de la Convención de Nueva York sobre el Reconocimiento y Ejecución de Laudos Arbitrales Extranjeros.

Procedimientos de Arbitraje Internacional

Los procedimientos de arbitraje internacional pueden variar según la jurisdicción y las reglas específicas acordadas por las partes. Sin embargo, a grandes rasgos, el proceso de arbitraje incluye los siguientes pasos:

Acuerdo de Arbitraje: Las partes involucradas acuerdan someter su disputa a arbitraje en lugar de litigar en tribunales nacionales. Este acuerdo se establece en un contrato o en una cláusula de arbitraje independiente.

Selección de Árbitros: Las partes eligen a los árbitros que presidirán el arbitraje. Estos árbitros suelen ser expertos en el área relevante de derecho internacional.

Procedimiento Inicial: Se lleva a cabo una audiencia inicial en la que se establecen las reglas y el alcance del arbitraje. Las partes presentan sus argumentos iniciales y acuerdan un calendario para el proceso.

Presentación de Pruebas: Las partes presentan pruebas y argumentos para respaldar sus posiciones. Esto puede incluir testimonios de testigos expertos, documentos y otros elementos probatorios.

Audiencias: Se realizan audiencias en las que las partes presentan sus argumentos y responden preguntas de los árbitros. Estas audiencias pueden llevarse a cabo de manera presencial o por medios electrónicos.

Laudo Arbitral: Los árbitros emiten un laudo arbitral, que es una decisión escrita que resuelve la disputa. El laudo puede incluir determinaciones sobre responsabilidad, indemnización y otros aspectos de la disputa.

Ejecución del Laudo: El laudo arbitral es ejecutable en virtud de tratados internacionales, como la Convención de Nueva York. Si una parte se niega a cumplir el laudo, la parte perjudicada puede buscar su ejecución en los tribunales nacionales.

Arbitraje de Inversiones: Los tratados bilaterales y multilaterales de inversión a menudo incluyen cláusulas de arbitraje que permiten a los inversores extranjeros presentar reclamaciones contra los estados anfitriones en caso de expropiación u otras violaciones de sus derechos. Un ejemplo es el caso de Philip Morris contra Australia, en el que la empresa tabacalera presentó una demanda de arbitraje basada en un tratado de inversión después de que Australia implementara leyes de empaquetado genérico de cigarrillos.

Arbitraje Comercial Internacional: Empresas y partes comerciales a menudo recurren al arbitraje para resolver disputas contractuales transfronterizas. Un ejemplo es el arbitraje entre Apple y Qualcomm, en el que las dos empresas se enfrentaron en múltiples jurisdicciones por cuestiones de patentes y acuerdos de licencia.

Disputas Territoriales: Los estados también recurren al arbitraje internacional para resolver disputas territoriales y marítimas. Un ejemplo notable es la disputa en el Mar del Sur de China, en la que Filipinas presentó una demanda de arbitraje contra China sobre la soberanía de ciertas islas y aguas.

Conclusión

El arbitraje y la resolución de disputas internacionales son herramientas esenciales en el ámbito del derecho internacional. Ofrecen un mecanismo eficiente, neutral y flexible para resolver conflictos entre actores internacionales, ya sean estados, organizaciones internacionales o entidades privadas. El arbitraje internacional desempeña un papel fundamental en la promoción de la paz, la justicia y el Estado de derecho en la comunidad internacional.

15.5 Contribuciones del Common Law a la jurisprudencia internacional

El Common Law, como sistema legal basado en precedentes y jurisprudencia, ha influido significativamente en la jurisprudencia internacional en diversas áreas. Aunque el Common Law y el derecho internacional tienen sus propias fuentes y métodos, la rica tradición jurídica de los países de Common Law ha aportado contribuciones valiosas a la jurisprudencia internacional. A continuación, se explorarán algunas de las formas en que el Common Law ha influido en la jurisprudencia internacional.

1. Desarrollo de Principios Generales del Derecho Internacional:

El Common Law ha contribuido al desarrollo de principios generales del derecho internacional que se aplican universalmente. Los tribunales de Common Law han sido pioneros en la formulación y el desarrollo de principios legales fundamentales, como la responsabilidad estatal, la inmunidad estatal y los derechos humanos. Estos principios se han incorporado gradualmente en la jurisprudencia internacional y en tratados internacionales.

2. Uso de la Jurisprudencia en Tribunales Internacionales:

La práctica de citar jurisprudencia y precedentes en tribunales es característica del Common Law. Esta práctica se ha extendido a tribunales internacionales, como la Corte Internacional de Justicia (CIJ) y la Corte Penal Internacional (CPI), que a menudo hacen referencia a decisiones de tribunales de Common Law para apoyar sus argumentos y decisiones.

3. Protección de los Derechos Humanos:

El Common Law ha tenido una influencia significativa en el desarrollo del derecho internacional de los derechos humanos. Los tribunales de Common Law, especialmente la Corte Suprema de los Estados Unidos y la Corte Suprema del Reino Unido, han emitido decisiones importantes que han contribuido a la evolución de normas de derechos humanos que se aplican a nivel mundial.

4. Responsabilidad Internacional de los Estados:

El concepto de responsabilidad internacional de los estados y la obligación de reparar los daños causados por violaciones del derecho internacional se ha desarrollado en gran medida en el ámbito del Common Law. Casos emblemáticos, como el caso "Rainbow Warrior" (Francia contra Nueva Zelanda) y el caso "Chorzów Factory" (Polonia contra Alemania), han sentado precedentes importantes en materia de responsabilidad estatal.

5. Arbitraje Internacional:

El Common Law también ha influido en el arbitraje internacional, que a menudo se rige por reglas y procedimientos similares a los utilizados en los sistemas de Common Law. Los laudos arbitrales a menudo hacen referencia a jurisprudencia y principios de Common Law al abordar disputas internacionales.

6. Derecho Comercial Internacional:

El derecho comercial internacional se ha beneficiado de la experiencia y la jurisprudencia de los países de Common Law en cuestiones como contratos comerciales, resolución de disputas y arbitraje comercial internacional. Las reglas y prácticas del Common Law se han incorporado en tratados comerciales internacionales y prácticas comerciales globales.

7. Desarrollo de Reglas de Evidencia:

El Common Law ha desarrollado un conjunto de reglas de evidencia que se aplican en juicios civiles y penales. Estas reglas se han utilizado como referencia en procedimientos judiciales internacionales, como los realizados por tribunales ad hoc para casos de crímenes de guerra.

8. Precedentes en Casos de Derechos del Mar:

En el ámbito del derecho del mar, la jurisprudencia de Common Law ha influido en la interpretación y aplicación de la Convención de las Naciones Unidas sobre el Derecho del Mar (UNCLOS). Los tribunales y las decisiones de Common Law han ayudado a establecer normas y precedentes en disputas sobre límites marítimos y derechos de navegación.

Conclusión:

El Common Law ha dejado una huella significativa en la jurisprudencia internacional a través de su enfoque en la jurisprudencia y la construcción de precedentes. Su influencia se extiende a áreas clave del derecho internacional, desde los derechos humanos hasta la responsabilidad estatal y el arbitraje internacional. A medida que el derecho internacional continúa evolucionando, la relación entre el Common Law y la jurisprudencia internacional seguirá siendo importante en la formulación de normas y la resolución de disputas a nivel global.

Capítulo 16:

Ética y Profesionalismo en el Common Law

16.1 Los principios éticos de la abogacía en el Common Law

Los principios éticos de la abogacía en el Common Law, al igual que en otros sistemas legales, se basan en la ética profesional y la responsabilidad del abogado hacia sus clientes, el tribunal y la sociedad en general. Estos principios éticos son esenciales para mantener la integridad y la confianza en el sistema de justicia.

A continuación, se describen algunos de los principios éticos clave que rigen la práctica de la abogacía en el Common Law:

1. Confidencialidad: La confidencialidad es un principio fundamental en la relación abogado-cliente. Los abogados tienen la obligación de mantener la confidencialidad de la información proporcionada por sus clientes, a menos que exista un permiso expreso del cliente para divulgarla. Esta obligación promueve la confianza entre el cliente y el abogado y permite que los clientes compartan información completa y honesta con sus abogados.

2. Lealtad al Cliente: Los abogados tienen el deber de ser leales a los intereses de sus clientes y actuar en beneficio de estos. Esto significa que deben representar los intereses del cliente de manera diligente y sin conflicto de intereses. Los abogados no pueden representar a clientes cuyos intereses sean adversos entre sí sin el consentimiento informado de ambas partes.

3. Competencia y Diligencia Profesional: Los abogados deben ser competentes en su área de práctica y brindar servicios con diligencia y profesionalismo. Esto implica mantenerse actualizados en el derecho y las regulaciones aplicables, investigar de manera efectiva y representar a sus clientes de la mejor manera posible.

4. Integridad y Honestidad: Los abogados deben actuar con integridad y honestidad en todas sus interacciones profesionales. No deben hacer declaraciones falsas o engañosas ante el tribunal o las partes y deben respetar los más altos estándares de ética en su conducta profesional.

5. Independencia y Lealtad al Tribunal: Los abogados tienen la responsabilidad de ser independientes y leales al tribunal. Esto significa que deben presentar argumentos honestos y no deben colaborar en la presentación de evidencia falsa o engañosa. También tienen el deber de no hacer declaraciones despectivas o irrespetuosas hacia el tribunal, otras partes o abogados.

6. Evitar Conflictos de Intereses: Los abogados deben evitar los conflictos de intereses que puedan comprometer su lealtad al cliente. Esto incluye conflictos de intereses reales o potenciales que puedan surgir debido a relaciones personales o profesionales. Si se produce un conflicto, los abogados deben revelarlo y obtener el consentimiento informado de las partes afectadas o, en su defecto, abstenerse de representar a una de las partes.

7. Honorarios Justos y Razonables: Los abogados deben cobrar honorarios justos y razonables por sus servicios legales. Los honorarios deben ser transparentes y comunicados claramente al cliente. Los abogados no deben aprovecharse de la situación de sus clientes.

8. Pro Bono y Servicio a la Comunidad: Los abogados tienen una responsabilidad social y ética de prestar servicios legales pro bono (gratuitos) o de ofrecer servicios legales a comunidades desfavorecidas o de bajos recursos. Esto contribuye al acceso igualitario a la justicia y al bienestar de la comunidad en general.

9. Continuación de la Educación: Los abogados tienen la obligación ética de mantenerse actualizados en el derecho y la práctica legal a lo largo de su carrera. Esto se logra a través de la educación continua y el desarrollo profesional.

10. Responsabilidad en la Administración de Justicia: Los abogados tienen la responsabilidad de ser conscientes de su papel en la administración de justicia y deben colaborar con otros abogados y el tribunal para garantizar un proceso justo y eficiente.

Es importante destacar que estos principios éticos no solo son aplicables en el Common Law, sino que son fundamentales en la profesión legal en todo el mundo. Los abogados que practican en el Common Law están sujetos a códigos de conducta ética y a las regulaciones de los colegios de abogados que supervisan su práctica. El cumplimiento de estos principios éticos es esencial para mantener la confianza en el sistema legal y para garantizar que los abogados actúen en el mejor interés de sus clientes y la sociedad en general.

16.2 Confidencialidad y conflicto de intereses

La confidencialidad y la gestión de conflictos de intereses son dos aspectos críticos de la ética profesional en la abogacía en el sistema de Common Law. Estos principios éticos son fundamentales para proteger la confianza del cliente, garantizar la lealtad del abogado hacia su cliente y evitar situaciones en las que los intereses de diferentes clientes puedan chocar.

157

A continuación, se explican en detalle ambos conceptos:

Confidencialidad:

La confidencialidad es un principio fundamental en la relación entre el abogado y el cliente. Implica que el abogado debe mantener en estricta confidencialidad toda la información proporcionada por el cliente, incluyendo los detalles del caso, los antecedentes personales y cualquier comunicación privilegiada. La confidencialidad es esencial por varias razones:

Promoción de la Confianza: Cuando los clientes saben que pueden hablar libremente con su abogado sin temor a que la información se divulgue, están más dispuestos a compartir detalles completos y honestos sobre su caso.

Protección de los Derechos del Cliente: La confidencialidad protege los derechos y los intereses del cliente, especialmente en casos delicados o sensibles en los que la privacidad es fundamental.

Ética Profesional: La obligación de mantener la confidencialidad es un estándar ético básico en la abogacía y está respaldada por las reglas de ética profesional y las leyes en muchos países.

Protección de la Evidencia: La confidencialidad también se extiende a la evidencia y la estrategia legal del cliente, lo que ayuda a evitar que la otra parte obtenga información estratégica o sensible.

Conflictos de Intereses:

La gestión de conflictos de intereses es otra preocupación ética importante en la abogacía. Un conflicto de intereses se produce cuando los intereses de dos o más clientes son incompatibles o pueden entrar en conflicto. La lealtad del abogado hacia el cliente es fundamental, y los abogados deben evitar cualquier situación en la que esa lealtad pueda verse comprometida. Algunos ejemplos de conflictos de intereses incluyen:

Conflictos entre Clientes: Un abogado no puede representar a dos clientes cuyos intereses sean directamente contrapuestos en un asunto legal. Por ejemplo, si un abogado representa a dos socios en un litigio comercial y sus intereses son opuestos, el abogado debe retirarse de uno de los casos o obtener el consentimiento informado por escrito de ambos clientes.

Conflictos Personales del Abogado: Los abogados también deben evitar situaciones en las que sus intereses personales entren en conflicto con los de sus clientes. Esto podría incluir situaciones en las que el abogado tenga un interés financiero en el resultado del caso.

Conflictos Potenciales: Los abogados deben estar alerta a posibles conflictos de intereses y abordarlos de manera proactiva. Esto incluye realizar una investigación adecuada antes de aceptar un caso para identificar posibles conflictos.

La gestión de conflictos de intereses puede implicar la abstención de representar a una de las partes, la obtención del consentimiento informado por escrito de todas las partes afectadas o la implementación de medidas adicionales para evitar que los intereses entren en conflicto.

Es importante que los abogados comprendan y cumplan con sus responsabilidades éticas en relación con la confidencialidad y la gestión de conflictos de intereses, ya que estas cuestiones son esenciales para mantener la integridad de la profesión legal y proteger los derechos e intereses de los clientes. El incumplimiento de estos principios éticos puede tener consecuencias graves, tanto en términos de sanciones disciplinarias como de pérdida de confianza en el abogado y el sistema de justicia en general.

16.3 Responsabilidad social y deberes del abogado

La responsabilidad social y los deberes del abogado son aspectos fundamentales de la práctica legal en el sistema de Common Law y en otros sistemas legales en todo el mundo. La abogacía no es solo una profesión que implica representar los intereses de los clientes, sino que también conlleva responsabilidades éticas y sociales más amplias hacia la comunidad y el sistema de justicia en general. A continuación, se exploran los deberes y la responsabilidad social del abogado:

1. Deber de Abogar con Integridad y Justicia: Los abogados tienen el deber ético de abogar en nombre de sus clientes con integridad y justicia. Esto significa presentar argumentos honestos y respetuosos ante el tribunal y no recurrir a tácticas desleales o engañosas.

2. Deber de Defender los Derechos de los Clientes: El deber principal de un abogado es representar y defender los intereses legales de sus clientes de manera diligente y eficaz. Esto implica proporcionar asesoramiento competente y representación legal efectiva.

3. Confidencialidad y Protección de la Privacidad: Los abogados tienen la obligación de mantener la confidencialidad de la información proporcionada por sus clientes, incluso después de que la relación abogado-cliente haya terminado. Esto protege la privacidad y los derechos de los clientes.

4. Deber de Lealtad al Cliente: Los abogados deben ser leales a los intereses de sus clientes y evitar cualquier conflicto de intereses que pueda comprometer esa lealtad.

159

Esto significa que no pueden representar a clientes cuyos intereses sean directamente contrapuestos sin el consentimiento informado de ambas partes.

5. Pro Bono y Servicio a la Comunidad: Los abogados tienen la responsabilidad ética y social de brindar servicios legales pro bono (gratuitos) o de ofrecer servicios legales a comunidades desfavorecidas o de bajos recursos. Esto contribuye al acceso igualitario a la justicia.

6. Ética en la Administración de Justicia: Los abogados tienen la responsabilidad de ser conscientes de su papel en la administración de justicia y deben colaborar con otros abogados y el tribunal para garantizar un proceso justo y eficiente.

7. Responsabilidad Social Corporativa: Los abogados que trabajan en empresas y firmas de abogados tienen un papel en la promoción de la responsabilidad social corporativa de sus empleadores, lo que implica consideraciones éticas y sociales en la toma de decisiones legales.

8. Ética en la Representación de Grupos Vulnerables: Los abogados que representan a grupos vulnerables, como niños, personas con discapacidades o víctimas de violencia doméstica, tienen deberes éticos adicionales para proteger los intereses de estos clientes.

9. Educación Continua y Desarrollo Profesional: Los abogados tienen el deber ético de mantenerse actualizados en el derecho y la práctica legal a lo largo de su carrera a través de la educación continua y el desarrollo profesional.

10. Responsabilidad en la Resolución de Conflictos: Los abogados tienen la responsabilidad de fomentar la resolución de conflictos de manera constructiva y, cuando sea posible, buscar soluciones que eviten la litigación prolongada.

En resumen, la abogacía en el sistema de Common Law y en otros sistemas legales conlleva una serie de deberes éticos y responsabilidades sociales que van más allá de la representación de los intereses de los clientes. Los abogados tienen la responsabilidad de actuar con integridad, justicia y respeto hacia sus clientes, el tribunal y la comunidad en general. Estos principios éticos son esenciales para mantener la confianza en el sistema de justicia y garantizar que la abogacía cumpla con su función de promover la justicia y el Estado de derecho.

16.4 Ética en la toma de decisiones legales

La ética en la toma de decisiones legales es un aspecto fundamental de la profesión legal en el sistema de Common Law y en cualquier sistema legal en todo el mundo. Los abogados enfrentan decisiones éticas en cada etapa de su práctica, desde la evaluación de casos y la representación de clientes hasta su conducta en el tribunal y su papel en la administración de justicia. La ética legal guía la forma en que los abogados equilibran los intereses de sus clientes con su deber hacia la justicia y la sociedad. A continuación, se exploran los principios éticos clave que rigen la toma de decisiones legales:

1. Confidencialidad: Los abogados tienen el deber ético de mantener la confidencialidad de la información proporcionada por sus clientes. Esto significa que deben proteger la privacidad y los derechos de los clientes al no divulgar información sin el consentimiento del cliente, a menos que la ley lo exija.

2. Lealtad al Cliente: Los abogados tienen la obligación de ser leales a los intereses de sus clientes y de representarlos con diligencia y eficacia. Sin embargo, esta lealtad no debe comprometer la ética o los principios de justicia.

3. Evitar Conflictos de Intereses: Los abogados deben evitar situaciones en las que sus intereses personales o económicos entren en conflicto con los intereses de sus clientes. También deben evitar conflictos de intereses entre múltiples clientes y, en caso de que surjan, deben gestionarlos adecuadamente.

4. Competencia y Diligencia: Los abogados deben brindar servicios legales competentes y diligentes a sus clientes. Esto implica mantenerse actualizados en el derecho relevante y representar a los clientes con la mejor de sus habilidades.

5. Ética en la Presentación de Evidencia: Los abogados tienen la responsabilidad ética de presentar pruebas y argumentos honestos ante el tribunal. No deben ocultar pruebas o presentar testimonios falsos.

6. Responsabilidad en la Resolución de Conflictos: Los abogados tienen el deber ético de promover la resolución de conflictos de manera constructiva y, cuando sea posible, buscar soluciones que eviten la litigación prolongada y costosa.

7. Ética en la Representación de Grupos Vulnerables: Los abogados que representan a grupos vulnerables, como niños, personas con discapacidades o víctimas de violencia doméstica, tienen deberes éticos adicionales para proteger los intereses de estos clientes y garantizar que se respeten sus derechos.

8. Responsabilidad Social y Comunitaria: Los abogados tienen una responsabilidad social y ética de contribuir al bienestar de la comunidad y de promover el acceso igualitario a la justicia. Esto puede incluir la prestación de servicios legales pro bono o la participación en actividades de servicio comunitario.

9. Ética en la Resolución de Casos: Los abogados deben considerar cuidadosamente la viabilidad de los casos y no deben emprender acciones legales frívolas o sin mérito. También deben ser honestos con sus clientes sobre las perspectivas de éxito.

10. Ética en la Comunicación: Los abogados deben comunicarse de manera honesta y clara con sus clientes, otros abogados y el tribunal. Deben evitar hacer declaraciones despectivas o irrespetuosas hacia otras partes o abogados.

La ética en la toma de decisiones legales implica un equilibrio delicado entre la lealtad al cliente y la responsabilidad hacia la justicia y la comunidad. Los abogados deben tomar decisiones éticas incluso cuando enfrenten presiones o dilemas éticos difíciles. La confianza en el sistema de justicia depende en gran medida de la integridad y la ética de los abogados, por lo que es esencial que los abogados sigan principios éticos sólidos en todas sus decisiones legales. Las asociaciones de abogados y los códigos de ética profesional proporcionan orientación adicional sobre cómo abordar cuestiones éticas en la práctica legal.

Capítulo 17:

Reformas y Adaptaciones en el Common Law

17.1 Movimientos de reforma legal en la historia del Common Law

A lo largo de la historia del Common Law, ha habido varios movimientos de reforma legal que han tenido un impacto significativo en el desarrollo del sistema legal y en la mejora de la justicia. Estos movimientos han buscado abordar deficiencias en el sistema, promover la igualdad de derechos y mejorar la accesibilidad a la justicia.

A continuación, se mencionan algunos de los movimientos de reforma legal más destacados en la historia del Common Law:

1. Movimiento por los Derechos Civiles: En los Estados Unidos, el movimiento por los derechos civiles en la década de 1950 y 1960 fue un esfuerzo importante para poner fin a la segregación racial y garantizar la igualdad de derechos para todas las personas, independientemente de su raza. Esto condujo a la promulgación de leyes de derechos civiles que prohibieron la discriminación racial en varias áreas, incluyendo la educación y el empleo.

2. Reforma de la Justicia Penal: A lo largo de la historia, ha habido numerosos movimientos de reforma en el ámbito de la justicia penal. Estos movimientos han abogado por cambios en la aplicación de la ley, la rehabilitación de delincuentes y la reducción de la sobrepoblación en prisiones. La reforma de la justicia penal también ha buscado abordar problemas de injusticia racial y mejorar las condiciones carcelarias.

3. Movimiento de Derechos de las Mujeres: El movimiento de derechos de las mujeres ha abogado por la igualdad de género en diversas áreas, incluyendo el derecho al voto, la igualdad salarial y la protección contra la discriminación de género. Estos esfuerzos han llevado a la promulgación de leyes de igualdad de derechos y a un mayor reconocimiento de los derechos de las mujeres en la ley.

4. Reforma Laboral: El movimiento laboral ha luchado por los derechos de los trabajadores, incluyendo el derecho a la negociación colectiva, condiciones laborales justas y un salario mínimo. La reforma laboral ha llevado a la promulgación de leyes laborales que protegen los derechos de los trabajadores.

5. Movimiento de Derechos Civiles LGBTQ+: En las últimas décadas, ha habido avances significativos en la lucha por los derechos civiles de las personas LGBTQ+. Esto ha incluido la despenalización de la homosexualidad, la legalización del matrimonio entre personas del mismo sexo y la prohibición de la discriminación por orientación sexual en varios países.

6. Reforma de la Justicia Familiar: En el ámbito de la justicia familiar, ha habido movimientos de reforma que buscan garantizar la protección de los derechos de los niños y promover la igualdad en casos de divorcio y custodia. Estos movimientos han llevado a cambios en las leyes de familia y en la forma en que se abordan los asuntos familiares en los tribunales.

7. Reforma de la Inmigración: En respuesta a los desafíos de la migración y los derechos de los inmigrantes, ha habido movimientos de reforma que han abogado por cambios en las políticas de inmigración y la protección de los derechos de los migrantes.

Estos movimientos de reforma legal han contribuido a la evolución del Common Law y han promovido la justicia y la igualdad en la sociedad. A menudo, han resultado en cambios legislativos significativos y en una mayor conciencia de la importancia de los derechos humanos y civiles en el sistema legal.

17.2 La modernización de los procedimientos legales

La modernización de los procedimientos legales en el sistema de Common Law y en sistemas legales de todo el mundo es una respuesta a la evolución de la sociedad, la tecnología y las necesidades de una justicia más eficiente y accesible. La modernización busca agilizar los procesos legales, mejorar la administración de justicia y facilitar el acceso a los servicios legales.

A continuación, se exploran algunas de las áreas clave de modernización de los procedimientos legales:

- Digitalización y Tecnología:

La digitalización de los procedimientos legales ha tenido un impacto significativo en la modernización del sistema legal. Esto incluye la presentación electrónica de documentos legales, la videoconferencia para comparecencias en el tribunal, la gestión electrónica de casos y la creación de bases de datos legales accesibles en línea. La tecnología también se utiliza para la revisión de pruebas y la gestión de casos.

- Automatización y IA:

La inteligencia artificial (IA) y la automatización se utilizan cada vez más en la revisión de documentos legales, la predicción de resultados judiciales y la investigación legal. Estas herramientas pueden acelerar los procesos legales y reducir los costos.

- Resolución en Línea de Disputas:

La resolución en línea de disputas (Online Dispute Resolution, ODR) ha ganado importancia, especialmente en asuntos de bajo valor y disputas en línea. Los sistemas de ODR permiten a las partes resolver conflictos sin la necesidad de acudir a un tribunal físico.

- Acceso a la Justicia:

La modernización también se centra en mejorar el acceso a la justicia, especialmente para aquellos que enfrentan barreras económicas o geográficas. Esto incluye la prestación de asistencia legal en línea, servicios de representación legal limitada y la simplificación de procedimientos para casos de bajo valor.

- Simplificación de Procesos:

Los procedimientos legales a menudo se han simplificado para hacerlos más accesibles y comprensibles para las personas sin formación legal. Esto incluye formularios más sencillos y procedimientos de presentación simplificados.

- Videoconferencias y Audiencias Virtuales:

La tecnología permite celebrar audiencias y juicios de manera virtual, lo que reduce la necesidad de que las partes y los testigos se desplacen físicamente al tribunal. Esto ha sido especialmente relevante durante la pandemia de COVID-19.

- Gestión de Casos Electrónica:

La implementación de sistemas de gestión de casos electrónica (eCMS) ayuda a los tribunales a administrar y llevar un registro de los casos de manera más eficiente, facilitando la programación de audiencias y el seguimiento de los procedimientos.

- Mediación y Resolución Alternativa de Disputas:

La promoción de la mediación y otros métodos alternativos de resolución de disputas (ADR) es parte de la modernización para aliviar la carga de los tribunales y fomentar la resolución de conflictos sin litigios prolongados.

- Capacitación en Tecnología Legal:

La formación y la capacitación en tecnología legal son cada vez más importantes para abogados y profesionales del sistema legal. Esto garantiza que estén preparados para utilizar eficazmente las herramientas tecnológicas disponibles.

La modernización de los procedimientos legales es un proceso continuo que busca mantener el sistema legal relevante y eficiente en un mundo en constante cambio. A medida que la tecnología y las necesidades de la sociedad evolucionan, es esencial que el sistema legal se adapte para seguir brindando acceso a la justicia de manera efectiva y equitativa.

17.3 Cambios legislativos y adaptación a la sociedad contemporánea

Los cambios legislativos y la adaptación a la sociedad contemporánea son esenciales para que el sistema legal, incluyendo el Common Law, sea relevante y efectivo. A medida que la sociedad evoluciona y se enfrenta a nuevos desafíos, es necesario que las leyes se ajusten para abordar estas cuestiones de manera adecuada y justa.

A continuación, se destacan algunos ejemplos de cómo se producen cambios legislativos y adaptación a la sociedad contemporánea:

- Legislación en Respuesta a Problemas Emergentes:

La legislación puede ser promulgada para abordar problemas que surgen en la sociedad contemporánea, como la regulación de la tecnología de la información, la protección de datos personales, la ciberseguridad y la regulación de nuevas industrias, como la cannabis medicinal o la economía compartida.

- Derechos Civiles y Sociales:

Las leyes relacionadas con los derechos civiles y sociales a menudo evolucionan para reflejar un mayor reconocimiento de la diversidad y la igualdad. Esto puede incluir leyes que prohíben la discriminación por motivos de raza, género, orientación sexual, discapacidad y otras características protegidas.

- Reforma de la Justicia Penal:

Los cambios legislativos en la justicia penal pueden abordar problemas como la reforma de la prisión, la despenalización de ciertos delitos, la reducción de penas para delitos no violentos y la implementación de programas de rehabilitación.

- Protección Ambiental:

La legislación ambiental se adapta a los desafíos actuales, incluyendo regulaciones para abordar el cambio climático, la conservación de la biodiversidad y la gestión sostenible de recursos naturales.

- Derechos de la Mujer y de Género:

Las leyes que garantizan la igualdad de género y protegen los derechos de las mujeres han evolucionado para abordar problemas como la violencia de género, la equidad salarial y la representación en cargos de liderazgo.

- Derechos LGBTQ+:

La legislación ha evolucionado para garantizar la igualdad de derechos para las personas LGBTQ+, incluyendo la legalización del matrimonio entre personas del mismo sexo y la prohibición de la discriminación por orientación sexual.

- Protección del Consumidor:

Las leyes de protección al consumidor se adaptan para abordar problemas emergentes en el mercado, como la seguridad de productos electrónicos, la publicidad engañosa en línea y los derechos de privacidad.

- Regulación Tecnológica:

La regulación de la tecnología y la protección de datos se han vuelto cada vez más importantes a medida que la tecnología de la información y la comunicación se han expandido. Esto incluye leyes de privacidad, seguridad cibernética y regulación de redes sociales.

- Derechos de los Trabajadores:

Las leyes laborales evolucionan para adaptarse a la economía moderna, incluyendo la regulación del trabajo en el hogar, la protección de los trabajadores de plataformas digitales y el teletrabajo.

- Derecho de Propiedad Intelectual:

La legislación de propiedad intelectual se actualiza para abordar cuestiones relacionadas con la piratería en línea, la protección de derechos de autor y la propiedad de datos digitales.

Estos ejemplos ilustran cómo las leyes pueden cambiar y adaptarse para reflejar las necesidades y los valores cambiantes de la sociedad contemporánea. Los legisladores, en colaboración con expertos legales y la sociedad civil, desempeñan un papel clave en la promulgación de leyes que aborden los desafíos actuales y futuros. La adaptación de las leyes al mundo en constante evolución es esencial para mantener la justicia y la equidad en el sistema legal.

17.4 Influencia de la jurisprudencia extranjera en el Common Law

La influencia de la jurisprudencia extranjera en el sistema de Common Law es un fenómeno importante y reconocido en la evolución de este sistema legal. Aunque el Common Law se basa en precedentes y decisiones judiciales locales, la jurisprudencia de otros países puede tener un impacto significativo en la toma de decisiones y en el desarrollo de la ley.

A continuación, se describen algunos aspectos clave de la influencia de la jurisprudencia extranjera en el Common Law:

1. Perspectivas Comparativas: Los tribunales y los abogados a menudo consideran las decisiones judiciales de otros países con sistemas de Common Law como referencias útiles para abordar cuestiones legales similares. La jurisprudencia extranjera puede proporcionar perspectivas comparativas que ayudan a los tribunales a tomar decisiones más informadas.

2. Precedentes Persuasivos: Aunque las decisiones de tribunales extranjeros no son vinculantes en el sentido estricto, a menudo se consideran como "precedentes persuasivos". Los tribunales pueden tomar en cuenta las decisiones de otros países como argumentos convincentes al tomar decisiones sobre cuestiones legales similares.

3. Derecho Internacional y Derechos Humanos: La jurisprudencia de tribunales internacionales y regionales, como la Corte Internacional de Justicia y la Corte Europea de Derechos Humanos, puede tener un impacto importante en el Common Law, especialmente en áreas relacionadas con el derecho internacional y los derechos humanos.

4. Derecho Comercial Internacional: En asuntos relacionados con el comercio internacional y los contratos comerciales, las decisiones de tribunales internacionales de arbitraje comercial, como la Corte Internacional de Arbitraje de la Cámara de Comercio Internacional (CCI), pueden ser influyentes en la interpretación y aplicación de contratos comerciales bajo el Common Law.

5. Evolución de la Jurisprudencia Global: La globalización y la interconexión de los sistemas legales han llevado a una mayor atención a la jurisprudencia global. Los tribunales y los juristas pueden observar tendencias y desarrollos en la jurisprudencia de múltiples países para informar sus decisiones y argumentos legales.

6. Impacto en la Interpretación Constitucional: En sistemas con constituciones escritas, como los Estados Unidos, las decisiones de tribunales extranjeros a menudo se citan en la interpretación de disposiciones constitucionales. Esto puede ser especialmente relevante en casos relacionados con derechos humanos y cuestiones constitucionales similares.

7. Adaptación a Cambios Sociales: La jurisprudencia extranjera a veces se utiliza para adaptar el Common Law a cambios sociales y culturales. Los tribunales pueden mirar a decisiones de otros países para encontrar soluciones a desafíos legales emergentes.

8. Influencia en la Creación de Nuevas Leyes: En algunos casos, la jurisprudencia extranjera ha influido en la creación de nuevas leyes y regulaciones. Las legislaturas pueden tomar como modelo leyes extranjeras exitosas en áreas como la protección del consumidor, la seguridad cibernética y la regulación de tecnologías emergentes.

Si bien la influencia de la jurisprudencia extranjera en el Common Law es notable, su alcance y peso varían según el contexto y la jurisdicción. Los tribunales a menudo evalúan la relevancia y la aplicabilidad de las decisiones extranjeras en función de factores como la similitud de los problemas legales y las diferencias culturales y normativas. La influencia de la jurisprudencia extranjera es un reflejo de la naturaleza flexible y adaptable del sistema de Common Law a medida que se enfrenta a desafíos legales globales y cambiantes.

17.5 Perspectivas futuras para la evolución del Common Law

La evolución del Common Law continúa en el siglo XXI, y se esperan varias perspectivas futuras que moldearán el sistema legal en las décadas venideras. Estas perspectivas se basan en los cambios sociales, tecnológicos y legales que están transformando la sociedad y la práctica jurídica.

A continuación, se presentan algunas de las perspectivas clave para la evolución del Common Law:

1. Tecnología y Automatización: La tecnología y la automatización seguirán desempeñando un papel fundamental en la evolución del Common Law. La inteligencia artificial, la automatización de procesos legales y la gestión electrónica de casos son áreas en constante desarrollo que agilizan los procedimientos legales y reducen los costos.

2. Privacidad y Protección de Datos: A medida que la recopilación y el uso de datos personales siguen creciendo, se espera una mayor atención a la privacidad y la protección de datos. Las leyes y regulaciones en este ámbito seguirán evolucionando para abordar cuestiones de privacidad en línea y la gestión de datos personales.

3. Derechos Digitales: La expansión de la tecnología digital planteará cuestiones legales relacionadas con los derechos digitales, como la libertad de expresión en línea, la neutralidad de la red y la propiedad intelectual en el entorno digital. Los tribunales deberán abordar estos problemas en evolución.

4. Justicia Ambiental: La creciente conciencia sobre el cambio climático y la sostenibilidad conducirá a un enfoque renovado en la justicia ambiental. Los casos relacionados con la protección del medio ambiente y la responsabilidad corporativa estarán en el centro de la atención.

5. Inteligencia Artificial y Responsabilidad Legal: La inteligencia artificial plantea cuestiones de responsabilidad legal en casos de decisiones automatizadas. La responsabilidad de las empresas y desarrolladores de IA será un tema importante en los tribunales y en la legislación.

6. Resolución en Línea de Disputas: La resolución en línea de disputas (ODR) y la mediación en línea seguirán creciendo en importancia, especialmente en el contexto de disputas comerciales y de consumidores.

7. Acceso a la Justicia: Se espera un mayor énfasis en garantizar el acceso a la justicia para todos, incluidos aquellos que enfrentan barreras económicas o geográficas. Esto podría incluir la expansión de servicios legales en línea y la simplificación de procesos legales.

8. Ética Legal y Responsabilidad Profesional: La ética legal y la responsabilidad profesional serán temas críticos en un mundo cada vez más complejo. Los abogados enfrentarán dilemas éticos relacionados con la tecnología, la confidencialidad y la representación justa de clientes.

9. Derecho Internacional y Transnacional: La globalización requerirá una mayor cooperación entre jurisdicciones y un enfoque en el derecho internacional y transnacional. Los tribunales considerarán las implicaciones de las decisiones legales en un contexto global.

10. Derechos Humanos y Justicia Social: - La promoción de los derechos humanos y la justicia social seguirá siendo un objetivo importante en el sistema de Common Law. Los tribunales jugarán un papel fundamental en la protección de los derechos fundamentales de las personas.

En resumen, la evolución del Common Law en el futuro estará marcada por una serie de factores, incluyendo avances tecnológicos, cambios en la sociedad y desafíos legales emergentes. Los tribunales, legisladores y profesionales legales deberán adaptarse a estas dinámicas para asegurar que el sistema legal siga siendo eficaz, justo y relevante en un mundo en constante cambio. La capacidad del Common Law para adaptarse a estas tendencias será fundamental para su evolución continua.

Capítulo 18:

Conclusiones y Perspectivas

18.1 Resumen de los aspectos clave del Common Law

El Common Law es un sistema legal basado en precedentes y decisiones judiciales que se ha desarrollado a lo largo de siglos en países como el Reino Unido, Estados Unidos, Canadá, Australia y otros.

A continuación, se presentan los aspectos clave del Common Law:

- Precedentes Judiciales:

El Common Law se basa en la doctrina de stare decisis, lo que significa que las decisiones judiciales anteriores establecen precedentes que deben seguirse en casos similares. Los tribunales tienen la responsabilidad de aplicar y respetar estos precedentes.

- Desarrollo Incremental del Derecho:

El Common Law se caracteriza por su desarrollo gradual y evolutivo. A medida que los tribunales toman decisiones en casos concretos, se construye y desarrolla el derecho común.

- Flexibilidad y Adaptabilidad:

El Common Law es flexible y se adapta a las cambiantes circunstancias sociales y tecnológicas. Los tribunales pueden interpretar y aplicar la ley en función de los hechos específicos de cada caso.

- Jurisprudencia:

La jurisprudencia, es decir, las decisiones judiciales, es una fuente clave del Common Law. Los tribunales revisan y citan decisiones anteriores para fundamentar sus argumentos y decisiones.

- Sistema de Doble Rama:

El Common Law se basa en un sistema de doble rama, con tribunales de equidad y tribunales de derecho común. Los tribunales de equidad buscan remedios justos y equitativos en lugar de daños monetarios.

- Separación de Poderes:

La separación de poderes entre el poder ejecutivo, legislativo y judicial es fundamental en el Common Law para garantizar la independencia del poder judicial.

- Derecho Escrito y No Escrito:

El Common Law combina tanto el derecho escrito (estatutos y leyes) como el derecho no escrito (doctrina de los precedentes y costumbre).

- Sistema de Juez y Jurado:

Los juicios en el Common Law a menudo involucran un juez que interpreta y aplica la ley, así como un jurado de ciudadanos que emite un veredicto.

- Common Law en el Mundo:

Aunque se originó en Inglaterra, el Common Law ha influido en sistemas legales en todo el mundo, especialmente en las antiguas colonias británicas.

- Adversarialismo:

El Common Law se basa en un sistema adversarial, donde las partes en un caso presentan pruebas y argumentos para persuadir al tribunal de su posición.

- Doctrina de los Actos de Habla:

El lenguaje y la comunicación son fundamentales en el Common Law, y se presta gran atención a los actos de habla que se utilizan en los procedimientos legales.

En resumen, el Common Law es un sistema legal dinámico y evolutivo que se basa en precedentes judiciales, se adapta a las circunstancias cambiantes y utiliza un enfoque adversarial para la resolución de disputas. Su influencia se extiende por todo el mundo y sigue siendo relevante en la práctica legal actual.

18.2 Importancia y relevancia global del Common Law

El Common Law es un sistema legal con una importancia y relevancia globales significativas debido a su influencia histórica, flexibilidad, adaptabilidad y difusión en todo el mundo.

A continuación, se destacan algunas de las razones clave por las cuales el Common Law es importante y relevante a nivel global:

- Influencia Histórica:

El Common Law se originó en Inglaterra y tiene una historia rica y profunda que abarca siglos. Su evolución y desarrollo a lo largo del tiempo han influido en la formación de muchos sistemas legales en todo el mundo.

- Difusión Colonial:

Durante el período de colonización británica, el Common Law se extendió a muchas partes del mundo, incluyendo Estados Unidos, Canadá, Australia, India, África y otras regiones. Esto dejó un legado duradero en la estructura legal de estos países.

- Sistema de Precedentes:

El enfoque en los precedentes judiciales y la doctrina de stare decisis proporciona coherencia y consistencia en la toma de decisiones legales, lo que es apreciado por su capacidad de desarrollar un cuerpo sólido de jurisprudencia.

- Flexibilidad y Adaptabilidad:

El Common Law es conocido por su capacidad para adaptarse a los cambios sociales, tecnológicos y culturales. Esto lo hace relevante en un mundo en constante evolución.

- Énfasis en la Justicia Individual:

El Common Law pone un fuerte énfasis en la protección de los derechos individuales y la justicia en casos concretos. Esto es fundamental en la protección de los derechos humanos y la justicia social.

- Sistema de Juez y Jurado:

El sistema de Common Law, que incluye la participación de jurados de ciudadanos en muchos casos, refleja la importancia de la participación pública en la administración de la justicia.

- Influencia en el Derecho Internacional:

El Common Law ha tenido un impacto importante en la jurisprudencia internacional, especialmente en áreas como los derechos humanos y el derecho de los contratos internacionales.

- Inglés como Lengua Legal Global:

El inglés se ha convertido en una lengua legal global, en parte debido a la influencia del Common Law. Esto facilita la comunicación y el entendimiento en transacciones legales internacionales.

- Práctica Legal Internacional:

El Common Law es ampliamente reconocido y utilizado en la práctica legal internacional, especialmente en asuntos comerciales internacionales y litigios transnacionales.

- Innovación Jurídica:

El Common Law es conocido por su enfoque en la creatividad y la innovación jurídica. Los abogados y juristas que trabajan en este sistema a menudo deben encontrar soluciones originales para casos legales complejos.

- Protección de la Propiedad Intelectual:

El Common Law ha influido en la protección de la propiedad intelectual y el derecho de autor en todo el mundo, con estándares y principios ampliamente aceptados.

En resumen, el Common Law es importante y relevante a nivel global debido a su legado histórico, su capacidad de adaptación y su influencia en una variedad de áreas legales. Su flexibilidad y énfasis en la justicia individual lo han convertido en un sistema legal fundamental en muchos países y en la práctica legal internacional. Además, sigue desempeñando un papel crucial en la protección de derechos humanos y en la resolución de disputas en un mundo cada vez más interconectado.

18.3 El papel del Common Law en la resolución de problemas legales

El Common Law desempeña un papel fundamental en la resolución de problemas legales en los países que lo adoptan como sistema legal. Su enfoque en la jurisprudencia, los precedentes judiciales y la interpretación de la ley juega un papel crucial en la toma de decisiones legales y la solución de disputas. Aquí se detalla cómo el Common Law aborda y resuelve problemas legales:

1. Precedentes y Doctrina de Stare Decisis:

En el Common Law, las decisiones judiciales anteriores, o precedentes, establecen principios legales que deben seguirse en casos futuros similares. Esto proporciona consistencia y predictibilidad en la toma de decisiones legales.

2. Interpretación de la Ley:

Los tribunales de Common Law interpretan y aplican la ley en función de los hechos y las circunstancias específicas de cada caso. Esta interpretación se basa en precedentes, estatutos y la intención del legislador.

3. Argumentación Legal:

Los abogados en un sistema de Common Law presentan argumentos legales basados en precedentes, doctrina legal y jurisprudencia relevante para persuadir al tribunal de su posición en un caso particular.

4. Prueba y Evidencia:

El Common Law establece reglas para la presentación y admisión de pruebas y evidencia en los juicios. Los tribunales evalúan la evidencia presentada y la aplican a la ley para tomar decisiones justas y basadas en hechos.

5. Interpretación de Contratos:

En los casos relacionados con contratos, el Common Law se basa en la interpretación de los términos contractuales y los principios contractuales establecidos en casos previos.

6. Jurado de Pares:

En muchos casos civiles y penales, un jurado de ciudadanos desempeña un papel importante en la resolución de problemas legales. Los jurados escuchan pruebas y deliberan sobre la culpabilidad o la responsabilidad en un caso.

7. Equity y Remedios Equitativos:

El Common Law incluye la rama de la equidad, que se ocupa de remedios justos y equitativos en lugar de daños monetarios. Los tribunales de equidad pueden emitir órdenes específicas para resolver disputas.

8. Abogacía y Argumentación:

En un sistema de Common Law, los abogados tienen un papel activo en la presentación de casos y la argumentación legal. Deben ser hábiles en la interpretación de la ley y en la presentación persuasiva de sus argumentos.

9. Evolución del Derecho:

El Common Law evoluciona gradualmente a medida que los tribunales emiten nuevas decisiones y establecen nuevos precedentes. Esta evolución permite que el derecho se adapte a cambios en la sociedad y en las circunstancias legales.

10. Acceso a la Justicia:

El Common Law busca proporcionar acceso a la justicia para todas las partes involucradas en un caso, independientemente de su posición social o económica.

En resumen, el Common Law resuelve problemas legales al proporcionar un marco legal en el que se basan las decisiones judiciales. Los tribunales, los abogados y la jurisprudencia trabajan juntos para interpretar y aplicar la ley en casos individuales, y esta interpretación se basa en precedentes y en la equidad. La flexibilidad del Common Law y su capacidad para adaptarse a las circunstancias cambiantes hacen que sea un sistema efectivo para abordar una amplia gama de problemas legales.

18.4 Recomendaciones para aquellos interesados en estudiar el Common Law

Si estás interesado en estudiar y practicar el Common Law, hay varias recomendaciones que pueden ayudarte a prepararte y tener éxito en este sistema legal dinámico y ampliamente utilizado. Aquí tienes algunas sugerencias:

1. Educación Legal:

Obtén una educación legal sólida. Completa una licenciatura en derecho (LL.B o J.D.) en una universidad o escuela de derecho acreditada. Asegúrate de cumplir con los requisitos educativos necesarios para ejercer la abogacía en la jurisdicción donde planeas practicar.

2. Elige tu Jurisdicción:

Decide en qué país o región deseas ejercer el derecho de Common Law, ya que los detalles específicos y las regulaciones pueden variar significativamente de un lugar a otro. Cada jurisdicción puede tener sus propios exámenes de abogacía y requisitos de admisión.

3. Prepara Exámenes de Admisión:

Investiga y prepárate para los exámenes de admisión al colegio de abogados o al tribunal supremo de tu jurisdicción. A menudo, esto incluye el Examen de Abogados (Bar Exam) y otros exámenes estandarizados.

4. Practica la Investigación Legal:

Desarrolla habilidades sólidas de investigación legal. Aprende a utilizar bases de datos legales, libros de derecho y recursos en línea para buscar jurisprudencia y casos relevantes.

5. Dominio del Idioma Legal:

Familiarízate con el lenguaje legal y el término técnico. El inglés es el idioma predominante en el Common Law, por lo que si no es tu lengua materna, considera mejorar tus habilidades lingüísticas.

6. Aprende a Redactar Legalmente:

La redacción legal es una habilidad crítica. Practica la redacción de contratos, escritos judiciales y otros documentos legales siguiendo las convenciones legales adecuadas.

7. Participa en Programas de Pasantías o Prácticas:

Busca oportunidades de pasantías o prácticas en bufetes de abogados, tribunales o agencias legales. La experiencia práctica es invaluable para desarrollar habilidades legales y comprender el funcionamiento del sistema de Common Law.

8. Perfecciona tus Habilidades de Argumentación:

Elabora habilidades de argumentación persuasiva. Aprende a presentar casos y argumentos de manera efectiva ante un tribunal.

9. Estudia Precedentes Relevantes:

Estudia casos y precedentes relevantes en tu área de interés legal. Comprende cómo los tribunales han interpretado y aplicado la ley en situaciones similares.

Considera Especializarte:

Piensa en especializarte en una rama particular del derecho si tienes un interés específico, como derecho comercial, derecho penal, derecho de familia, propiedad intelectual, etc.

- **Mantente Actualizado:** El derecho está en constante evolución. Mantente al tanto de las nuevas leyes, regulaciones y decisiones judiciales que puedan afectar tu área de práctica.

- **Networking y Mentores:** Establece relaciones profesionales con otros abogados y busca mentores en tu campo. El networking puede ser invaluable para el crecimiento de tu carrera.

- **Ética Profesional:** Cumple con los más altos estándares de ética profesional. La integridad y la conducta ética son esenciales en la práctica del derecho.

- **Educación Continua:** La educación continua es importante para mantenerse actualizado en tu campo. Considera la posibilidad de tomar cursos de educación jurídica continua (CLE) para ampliar tus conocimientos.

- **Sé Paciente y Persistente:** La carrera legal puede ser desafiante, pero la persistencia y la dedicación son clave para el éxito a largo plazo.

Recuerda que el Common Law es un sistema legal dinámico y en constante evolución. La educación legal y la práctica legal requieren un compromiso continuo con el aprendizaje y la mejora. Con esfuerzo y dedicación, puedes tener una carrera exitosa en el Common Law y contribuir a la justicia y la sociedad en general.

18.5 Reflexiones finales sobre el impacto del Common Law en la sociedad

El impacto del Common Law en la sociedad contemporánea es innegable y profundo. A lo largo de los siglos, este sistema legal ha influido en la forma en que se administran y resuelven las disputas legales en una amplia gama de jurisdicciones. Aquí se presentan algunas reflexiones finales sobre su impacto:

1. Protección de Derechos Individuales:

El Common Law ha sido un defensor constante de los derechos individuales y la justicia en casos concretos. Ha contribuido a la protección de derechos fundamentales como la libertad de expresión, la libertad de religión y el derecho a un juicio justo.

2. Adaptación a la Evolución Social:

El Common Law se ha adaptado a los cambios sociales y tecnológicos a lo largo del tiempo. Ha abordado temas emergentes como la privacidad en línea, la propiedad intelectual en el entorno digital y la igualdad de género.

3. Contribución a la Jurisprudencia Internacional:

El Common Law ha dejado una marca indeleble en la jurisprudencia internacional. Sus principios y precedentes han influido en la interpretación de tratados internacionales y en el desarrollo del derecho internacional de los derechos humanos.

4. Acceso a la Justicia:

Ha proporcionado un sistema legal que busca garantizar el acceso a la justicia para todas las personas, independientemente de su posición económica o social. Los sistemas de contingencia y las regulaciones sobre honorarios de abogados permiten que incluso los individuos con recursos limitados busquen reparación legal.

5. Innovación y Desarrollo Legal:

El Common Law ha alentado la innovación y la creatividad en la práctica legal. Los abogados y jueces han desarrollado nuevos argumentos legales y teorías jurídicas para abordar problemas complejos.

6. Fundamento de la Economía:

El Common Law proporciona un marco legal esencial para la actividad económica. Facilita las transacciones comerciales, protege los derechos de propiedad y establece normas para la resolución de disputas comerciales.

7. Sistema de Precedentes:

La doctrina de stare decisis y el sistema de precedentes judiciales han brindado coherencia y consistencia en la toma de decisiones legales. Esto ha contribuido a la confianza en el sistema legal.

8. Desarrollo de Nuevas Áreas Jurídicas:

A medida que la sociedad evoluciona, surgen nuevas áreas legales. El Common Law ha demostrado ser flexible y capaz de desarrollar nuevas normas y principios legales para abordar desafíos contemporáneos.

9. Diversidad Jurídica:

A pesar de las similitudes en el sistema de Common Law, cada jurisdicción ha desarrollado sus propias particularidades y enfoques legales, lo que enriquece la diversidad jurídica global.

En resumen, el Common Law ha tenido un impacto duradero en la sociedad contemporánea al proteger derechos individuales, adaptarse a los cambios sociales y tecnológicos, y contribuir a la evolución de la jurisprudencia internacional. Su influencia se extiende más allá de las fronteras nacionales y continúa desempeñando un papel crucial en la promoción de la justicia y la resolución de disputas en el mundo actual. A medida que la sociedad evoluciona, el Common Law seguirá adaptándose y desempeñando un papel fundamental en la construcción de un sistema legal justo y efectivo.